URBAN GROWTH

GROWTH

TEN REFLECTIONS ON THE CITY

城市生长

融信集团城市更新十观

融信集团 著 | 上海三联书店

序言

冰炭同炉, 大道可期

在中国, 无论是哪个行当, 历来有寻找祖师爷的传统。似乎不如此, 便不能凸显出所从事行业的历史底蕴和权威来源。所以, 酿酒的拜杜康, 做畜牧业的尊苏武, 鲁班成为木匠和建筑行业的共同祖师, 梨园子弟则奉唐明皇为祖师爷, 谐趣多智的东方朔是相声和脱口秀演员们心中的老祖宗, 就连做豆腐、蒸馒头的人们, 也习惯将淮南王刘安、季汉丞相诸葛亮写入自家行业起源史的"传说"。

沿袭这一思维, 那么时下正兴的城市更新产业, 能否在浩瀚的中国史中, 找到对应的膜拜对象? 候选者似乎有二: 第一个是阖闾大城的总设计师伍子胥, 第二个则推紫禁城的主要营建者、香山帮的鼻祖蒯祥。前者在公元前 514 年, 奉吴王阖闾之命, 在诸樊所筑城邑的基础上"相土尝水, 法天象地", 将其扩建为吴国的都城。后一位让历经 600 年风雨沧桑的紫禁城屹立至今, 并基本保持着初建时的原貌, 直面当今世界的观瞻。

其实, 无论你我对这个行业的中国"祖师"人选心属何人, 甚至是有更贴切高明的推荐, 都无碍于我们对城市更新的探讨。而这个话题趣味性的产生则在于, 乍看与传统站在对立面的"更新", 也有它的历史传承。如做进一步的思索, 我们脑海中的想法也会如"滚雪球"一般胀大, 试问是否有了"陈旧"才会映衬出"创新"? 或者, 每一种"陈旧"也曾"崭新"? 就像现在我们所熟知的很多现代城市, 地基下有被覆盖的旧址, 也如当下的时代, 是历史层层叠叠的推进, 春秋往来, 便成了今朝。

这般看来, 城市和时代都是有生命的, 各自有其萌发、生长、壮大、衰朽、更替的过程和周期。以此而论, 城市更新理当是城市这一人类文明的产物自问世之初便自然产生的本能。

但作为现代意义上的城市更新, 其定义始于1958年的第一次城市更新研讨会。这一召开于荷兰的会议, 第一次对城市更新做出了较为详细的说明, 生活在城市中的人, 对于自己所居住的建筑物、周围的环境或出行、购物、娱乐以及其他生活活动有各种不同的期望和不满。而在同年的 9 月, 在世界的东方, 旨在发展国民经济的新中国"第二个五年计划", 得以制订并开始实施。

当时, 对繁荣富强的现代化满心向往的国人, 大约未曾想到, 60 年后, 中国能成为世界第二大经济体, 并以"调高倍速"的跨越式发展, 推动了近现代世界史上规模最大、覆盖人群最广泛的城市化进程。更令人惊异的, 则是从百废待举的古老土地上生长出的这些极为年轻的现代化城市, 也开始面对着"城市更新"的现实需要。对今人而言, 这一问题的因果并不复杂, 中国以数十年的时间, 完成了欧美大多数国家耗时两个多世纪的城市化, 自然也必须在这短促的时间内, 承受起各类"城市病"的密集暴发。

　　基于西方国家城市更新的历史和经验，自20世纪80年代开始，中国也开启了对这一领域的研究。一开始，陈占祥把城市更新定义为城市"新陈代谢"的过程。尔后，吴良镛从城市"保护与发展"的角度，在20世纪90年代提出了城市"有机更新"的概念。

　　进入新千年后，更多学者开始从城市建设的综合性与整体性方面，提出了他们的理解，如张平宇的"城市再生"、吴晨的"城市复兴"。这种热闹，证明中国的城市更新已经成为社会的热点话题。但这也反证了当下的中国，对城市更新并无一个统一的、公认的见解或定义。带着前行者"开山"的经验，以及过往10年来融信的实践心得而来，融信愈发相信，城市更新并不单纯是对旧有建筑、空间、功能的拆改建留或替代，而应在物质与技术等"看得见"的层面之外，以更具人文视角的生命性、生态性思维，去思索如何重塑城市的机体与活力，去构建城市的传统和秩序。

　　在这种意义上，强调创新的城市更新，并非是对已有城市建设的颠覆或否定，而是基于城市本身的"基因谱系"，以基因工程般的精准细微，重新修复、激活城市的旺盛生命力，让城市迎来更合理、更有序的生长。当下，中国的城市建设与更新，无论是横向比较于世界各国，还是纵向对照本国的五千年文明史，都可以用"绝无仅有"四字做评断，而新的技术、新的方法、新的人文思潮的不断泛起，也将让城市更新这个行当，爆发出超越"成例"的无限可能。

　　躬逢其盛，作为有幸参与到这一"历史事项"的一员，融信必不负时代与社会各界的信赖、选择和期许。瞻望前路，我们坚信，从过往到将来的一切所思所行，终会有其回响。如古人论道修道，"冰炭同炉，大道可期"，融信的"冰"，即是每一步都坚持的绝对理性，融信之"炭"，即是贯穿每一更新过程之中，永不熄灭、火热如炭的热忱。

　　这一册建立于观察、思考、总结、实践之上的读物，便是这道路的重新开始。

余丽娟

融信集团总裁

2020年8月

目录

下卷

上卷

一、融信
对当下城市更新的十重观察及思考

1.1概况篇

"城市更新"概念的沿革与认知的深化

现代意义上的城市更新，是将城市建成区中已经不适合时代要求和经济发展、不能满足人们生活的片区或物业，进行有机会、有意识的治理、提升、重塑的活动。城市更新的本质，在于适时适地，以人为的改造行为，阻断或逆转城市的老化，进而焕发城市的生机，促进城市的可持续发展。从经济学角度看，这是一个土地用途不断变化、价值逐步提升的过程。[1]

城市更新包括两方面的内容：一方面是硬件的更新，即对建筑物等物理实体的替换或改造；另一方面是软件的提升，即通过对空间功能和内容的更替，以及生态、文化等环节的延续与改造，实现社会功能结构、城市历史文化、市民精神情感等软件的延伸与更新。[2]

1. 从百年演进历程, 重识城市更新的动态过程

虽然"更新改造"几乎伴随着人类城市发展的全部过程，但城市更新真正成为全球关注的社会现象，则要"推迟"到 20 世纪的上半叶。

此时，城市化进程先于全球的西方发达国家，因工业革命的爆发，强劲的生产力推动了社会的全面进步，城市亦由此产生了"更新"的需求。环视全球，欧美国家的城市更新，基本都经历了三个阶段，并渐进式地呈现出参与主体多元化、更新手段精细化、更新理念迭代化的特点。

世界城市更新的三个阶段

阶段一

20 世纪三四十年代

这个阶段的城市更新，主要是在政府的主导下，通过立法的形式，对贫民窟住宅进行彻底的拆除和重建，其目标和手段均较为单一。

1926 年，美国在最大的工商业城市纽约州颁布法律，将廉租房建设、贫民区改造和建设的私人企业的收益率控制在 6% 以内，并在 1934 年开始由政府出资建造公用廉租房，大规模地对贫民窟进行了清理改造。

20 世纪 20 年代，美国纽约贫民窟屋内

1930 年，英国工党政府制定了格林伍德住宅法，采用"建造独院住宅法"和"最低标准住房"相结合的办法，在清除地段建造多层出租公寓，并在市区以外建一些独院住宅村，以解决贫民窟问题。这一法规，首次提出了对清除贫民窟提供财政补助的条款。

1937 年，巴西房屋署将贫民窟定为"城市发展中的畸形"，认定其存在不合法，是"威胁公共健康的灾难"。巴西政府一度敦促居住在贫民窟的工人搬到独立区域居住，但一旦政府提供的补贴停止，这些工人又不得不重新回到未拆除的贫民窟。

20 世纪 30 年代，英国试图解决贫民窟问题

20 世纪 30 年代至今，巴西政府对贫民窟问题仍然束手无策

阶段二

20 世纪六七十年代

在此阶段，除政府外，具有半官方性质的地区开发公司成为主导城市更新的"新主体"，其在更新举措及参与程度上均有长足进步。城市更新参与者将触角延伸至区域规划的制订，并兴建了大量的商业办公场所及机场、码头等城市公共配套设施。

1960 年，新加坡成立了建屋发展局（Housing Development Board），政府成为公共住房主要的开发者，随后，清理贫民窟、中心区产业升级、中心分散等策略相继实施。1970 年代，在联合国专家的协助下，新加坡加速了城市更新的进程。受益于此，到 90 年代，新加坡城市更新开始获得丰厚回报，高品质的居住环境，成为吸引全球智慧精英和资本的关键因素，新加坡也因此更为顺畅地走上国际金融中心的道路。

1972 年，美国总统尼克松签署"岁入法案"，这标志着美国联邦政府不再统一指导和开展全国的城市更新项目。联邦政府鼓励私人资本投资城市更新，地方政府和私人开发商的参与意愿大幅提高。如在波士顿巴尔的摩滨水区的改造过程中，巴尔的摩城市规划委员会策划启动的更新开发，令此滨水区成为"城市娱乐之祖"。

20 世纪 70 年代，日本经济飞速增长，"城市病"的负面影响开始出现，以"自治会"为代表的市民自发组织兴起，成为改善社区环境、振兴城市经济和历史文化保护的主力组织。居民委员会、NPO组织、城市规划组织和各类协会，成为针对郊区住宅和市中心商业区的"地域管理"事业的骨干参与者，政府则退居幕后，扮演协助者的角色。

20 世纪 60 年代，新加坡政府清理贫民窟

美国波士顿巴尔的摩贫民窟

阶段三

20 世纪 90 年代起

这个阶段，政府、专业地产商、城市更新运营服务商、金融资本力量等，共同投身至寻求和推动城市可持续发展方案的行动中，城市产业升级、转型、运营，成为此阶段城市更新的核心任务。

1989 年起，毕尔巴鄂开始实施一个以艺术、文化、贸易及旅游设施建设为主导的综合性城市复兴计划。该计划由西班牙国家政府和地区政府所组成的委员会负责实施，但计划所涉及的投资有 2/3 来自于私人投资商，其中，现已成为毕尔巴鄂地标建筑的古根海姆博物馆，即是由纽约古根海姆博物馆基金会投资并邀请美国建筑大师弗兰克·盖里所设计。成功地从工业型经济转型到创造型经济，毕尔巴鄂的成功被视为一种以文化为引导的全新的城市复兴策略。

西班牙毕尔巴鄂市的古根海姆博物馆

19 世纪 60 年代，由于全球海运业的萎缩以及航运公司对大型深水港的需要，伦敦部分港口码头开始衰落甚至关闭，金丝雀码头就是其中之一。1981 年，半官方的伦敦码头区开发公司得以建立。1982 年，狗岛被授予城市企业区地位。1985 年英国首相撒切尔夫人亲自通过了金丝雀码头的改造审批，并给予了大量的政府政策与资金支持。随后，金丝雀码头项目被出售给加拿大的奥林匹克和约克公司，并于 1988 年开始动工，至 2004 年，金丝雀码头集团由一家投资财团接管。历经 30 年，金丝雀码头已发展为拥有世界级知名度的、高度聚集的金融业产业集群，成为与传统的伦敦金融中心"一平方公里"相匹敌的新兴金融区。

英国伦敦金丝雀码头

2. 基于国情的中国城市更新

相较于西方发达国家，中国的城市更新兴起时间更晚，发展却更为迅速。在遵循共性的同时，中国的城市更新也发展出了浓厚的中国特色。新中国成立后，生产力快速发展，城市建设全面铺开，中国城市化进程迎来"弯道超车"，国内的城市更新业务爆发得更为密集和迅猛。

七十余年，从"旧城改造"到"城市更新"，改变的既是时代的背景和趋势、更新的目标与使命，更是理论的探索与深化、模式的萌生与成熟。与时偕行，经计划经济时期、经济转型期和快速城市化时期的时代背景转换，"政府意志"与"市场路径"在不同阶段，对城市更新产生了不同的作用。目前，日趋成熟、愈发圆融的中国城市更新，发展出了自成风格的"中国道路"。

中国历经七十余年，从"旧城改造"到"城市更新"

中国城市更新的四大阶段

阶段一

20 世纪五六十年代

为实现从农业国到工业国的转变，此阶段的大多数城市建设均围绕大规模工业建设而展开，具有在政府主导下，重物质、重工业生产的计划经济时代特征，同时，此阶段也零星地出现了旧城改造的少数个例。

20 世纪 50 年代的北京

    1953 年，《改建与扩建北京市规划草案的要点》由北京市委向中央上报，这是新中国第一个城市总体规划。该草案提出了对旧城既要保护也要改造的规划原则，对老旧危房、旧城老街的改造，是规划的重点，而北京旧改，只是此阶段中国众多城市亟须改造的冰山一角。

阶段二

20 世纪八九十年代

    依据城市总体规划，大力恢复城市建设及改造，房地产商等"社会力量"初步获得旧城改造的入场券，"政府绝对主导＋社会资金适当参与"的模式和经验，开始在全国大范围内推广。

    1982 年，《北京市城市建设总体规划方案》编制出炉，首次明确提出"旧城逐步改造、近郊调整配套、远郊积极发展"的建设方针，也第一次将旧城改造与保护历史文化名城相结合，"旧城改造"概念正式在中国确立。

    1984 年，全国旧城改造经验交流会于安徽合肥召开，"用经营方式吸引社会资金，加快旧城改造与建设""按照城市规划成街区成片进行改造"的旧改核心思想在会上全体通过。

    1987 年，住建部在沈阳再次召开全国旧城改造经验交流会，会议就旧城改造规划和实施所面临的形势以及相关方针、政策、规划原则等具体问题进行了交流和探讨，并总结出了可指导旧城改造的工作方法。

    1989 年，中国第一项旧城改造专项规划《深圳罗湖区旧城规划》，成为中国城市从"旧改"转道"更新"的时代分界线，"特区"对历史建筑、旧城风貌特色的双重保护，此后成为全国性的标准。

深圳罗湖区的前世今生

阶段三

1990—2007 年期间

规划部门有限度地下放权限，民营企业成为中国城市更新力量"萌芽期"的主导力量。与快速的城市化同步，此阶段的城市改造和重建，既有面向欧美国家"开眼看世界"的经验借鉴，也有"摸着石头过河"的自我探索。总体而言，此时期的城市更新虽有飞速发展、规模增长喜人的势头，然而模式上仍较为简单粗放，所接洽和解决的，多为改善相关单位和个人居住办公条件等"初级任务"，但业界、学术界开始了"在战争中学习战争"，初步建立起了中国的城市更新理论体系。

1994年开始，上海市将制定旧区改造的目标责任制，常态化为年年推进的长效机制，至 1995 年，上海拆除的危棚简屋接近 100 万平方米，此类危旧房屋的拆建工作也在全国相继展开。

1996年5月，国务院下达 18 号文件《国务院关于加强城市规划的通知》，对"节约和合理利用土地及空间资源"的强调，让业界看到了旧城改造的契机。

2004年，深圳市发布《城中村（旧村）改造暂行规定》，政府鼓励国内外有资质、有实力的机构以竞标方式参与城中村改造项目，开发商作为出资方，将负责回迁房建设和商品房建设及出售等工作，万科、华润、佳兆业及富力等房地产开发商，开始介入深圳的城市更新。

2007年，佛山编制《佛山市南海区"三旧"改造专项规划（2007—2015 年）》，成为广东省最早编制、最早批准、最早实施的"三旧"改造规划。同年，陕西省西安市出台了《西安市城中村改造管理办法》和《西安市棚户区改造管理办法》，《深圳市城市总体规划（2010—2020 年）》则将"工作重点由增量空间建设向存量空间优化转变"明确化。

1994 至 1995 年，上海拆除的危棚简屋接近 100 万平方米　　　　2009 年，广东启动"三旧改造"计划

阶段四

2008 年至今

在政府引导下的市场化城市更新运作，从珠三角、长三角及中国一二线城市，向内陆城市辐射蔓延。政府、市场参与者、利益相关个人等多方的共同、有序参与，让"自上而下"的城市更新规划管理体系快速建立，在众多综合化、整体性的城市有机更新项目中，也体现出了更新风向的转变：城市物质环境的改善或美化，不再是城市更新唯一的关注点，经济、产业、人文、社会效应等"软性要素"的重视程度显著擢升，产业运营与"内容主导"成为城市更新的新趋向。

2008 年，《国务院关于促进节约集约用地的通知》发布，时任国务院总理温家宝同意广东成为全国节约集约用地试点示范省。2009 年，广东省政府出台《关于推进"三旧"改造促进节约集约用地的若干意见》，"三旧"改造在广东省正式铺开。同年 12 月，《深圳市城市更新办法》成为全国第一部系统且规范的城市更新活动规章。

2013 年 2 月，国土资源部下发《关于开展城镇低效用地再开发试点指导意见》，内蒙古、辽宁、上海、江苏、浙江、福建、江西、湖北、四川、陕西等 10 个省市被纳入试点范围。

2015 年 3 月，广州城市更新局挂牌成立。随后，济南、成都、昆明、沈阳等省会城市也先后成立了城市更新局这一机构。

2016 年，《关于深入推进城镇低效用地再开发的指导意见（试行）》文件，经中央深改组和国务院审定，广东"三旧"改造经验从一省政策上升为国策，文件"鼓励土地权利人、集体经济组织等市场主体和社会力量参与改造开发"。

2019 年 6 月，国务院常务会议提出"加快推进城镇老旧小区改造"，文件指出：老旧小区改造涉及居民上亿人，能够促进住户户内改造并带动消费。据住建部统计，目前全国各地上报需要改造的城镇老旧小区共有 17 万个，涉及居民上亿人。

---

[1] [2]《环球市长》116 期，2018 年 7 月号《以人为本——城市更新的进化史》。

1.2人口篇

城市更新中对城市人口的观念转变
从资源消耗者到资源本身

　　人口向城市尤其是大城市聚集，是整个人类社会经济发展的大趋势。相比农村和郊区，城市在就业、收入、公共资源、基础设施等方面的巨大优势，令其犹如一块磁力不衰的磁铁，持续不断地吸引着外部人口的归附。那些仍在不断涌入和不断扩张的人口之于现代城市，究竟是价值的创造者，还是资源的消耗者？他们是带来城市弊病的负担，还是增加城市福祉的宾客或新主？两种声音，或许是"生产角度"与"消费角度"的视角差异，但世界的发展和城市的进步已经证明：人口本身，即是最宝贵的资源。

1. 专家也尴尬：对一线城市的人口，为何总是"误判"

　　城市人口，是城市规模最直接的体现，而对于城市人口规模，政府和专家学者此前的态度和预期，往往显得有些保守。

　　以《北京城市总体规划 2004－2020 年》为例，原计划至 2020 年北京人口规模控制在 1 800 万的"红线"，却在 2009 年底即被 1 972 万的实际数字所打破。

北京商业街上的人潮

无独有偶，与北京并称京沪的上海，也在 2017 年末通过了"2035 年版总体规划"，要求将 2035 年的常住人口控制在 2 500 万人左右。但 2018 年，上海全市常住人口即达到 2 423.8 万人。这意味着若要严格遵循这一规划，至 2035 年，上海所"预留"的人口增长空间仅 76.2 万人，均摊至每一年，不足 4.5 万人，长远来看，这个数字甚至不足以被分配给"人才引进"的单独事项。

从现实来看，这种规划和预判的"失灵"，对城市来说反而不是坏事。一般而言，主张限制城市人口，多是从"城市病"的角度来论证，但交通拥堵、环境污染、市容脏乱、居住压抑，本是城市发展到一定阶段都会出现的，是可以被经济和科技的进步而"治愈或缓解"的正常状态。作为对比，2019 年常住人口 2 170.7 万的北京，无论是城市面积，还是经济指数、生存指标，无一不强于主张"人口在任何时候都不要超过一千万"的 1980 年的北京。

静止的目光，限制了我们对城市发展的想象力，而城市人口规模的客观增长，也以铁一般的事实证明，人口不能以当下的"资源总量"与"人均占据额"做粗暴的除法，或是以行政手段去人为"画红线"。在当前国家开放二胎政策以缓释人口老龄化压力，各城市出台人才引进计划的现状下，在新的经济形势和各类科技不断涌现的当下，对人口规模合理与否的评判权，应归还给经济规律，城市的生活成本、公共服务、经济活跃度等，这才是评判城市人口规模合理与否的"裁判员"。

2. 从628万到3 700万：世界最大城市的人口"暴兵"现象

日本东京都市圈，是当前世界上人口最多的城市群、全球规模最大的都会区之一。狭义上的东京，一般是指东京都，而广义上，是指下辖 23 个特别区、26 个市、5 个町、8 个村，总面积 2 155 平方千米，城区面积 621 平方千米的庞大都市圈。

从 20 世纪 50 年代的 628 万人口，到如今的 3 700 万人口，60 多年时间，东京都市圈人口翻数倍，其中东京市区人口达到近 1 400 万，这也是自"二战"后，全球城市人口增长的共同趋势。

日本东京街头的人潮

人口虽多且密，但东京仍是世界最安全的城市之一，拥有高品质的公共服务系统、餐厅酒店公寓等"人均"数量充足的配套设施。作为被世界视为破解"大城市病"的亚洲成功样本，东京的交通与环境显得协调有序，居民满意度也较高。在日本全国总人口持续减少的时代背景下，东京圈的人口仍在增长。

究其原因，是进入东京圈的人们，可借助东京发达的轨道交通，结合就业机会、教育机会、生活环境、房地产价格等多维信息，在城市圈内选择适合自己的居住地和工作地。全东京拥有 2 327 个轨道交通站点，平均每平方公里有 1.3 公里的轨道里程和一个地铁站，且东京都地铁与神奈川、千叶等县的连接较好，形成了整个都市圈的交通网络。截至 2018 年 12 月，东京都市圈轨道交通运行里程超过 2 500 公里（东京地下铁及都营地下铁 304.1 公里 + 东京 JR 线路系统 1 117 公里 + 东京私铁线路 1 147 公里），轨道交通日均客运量达到 5 099.8 万人次，分担了东京都市圈日均公共交通出行量 5 466 万人次的 93.3%。[1]

东京地铁

近 70 年快速发展，"二战"后的东京人口持续"暴兵"，但急剧扩张的人口洪流并没有成为城市发展的负累。以东京为鉴，其不断"适配"人口增长的城市发展模式于中国自有值得借鉴之处，通过产业结构升级，将劳动密集型产业、重化工产业疏解至郊区，是纾解非首都功能的有效手段；1958 年起实施的"副中心"城市发展战略下，"多中心、多圈层、均衡化"的城市群格局，让东京的 7 个副中心，成为实现都市圈内部人口调节的"分流器"；高密度、放射状、向近郊和邻近城市延伸的轨交网络，不仅缓解了交通的拥堵，也密切了都市圈内各城市的联系，让人真正可以如"流水"一般，在城市的"脉络"里，选择自己的流向。

3. "绝对数量"VS"相对密度": 看见城市"负荷"的弹性系数

2017 年，全球人口超过千万的城市共计 22 个，其中亚洲 15 个，非洲、欧洲各 2 个，美洲 3 个。而在人口超过 2 000 万的 7 个城市中，中国以重庆、北京、上海独占三席。以"人口大国"而闻名世界，中国及中国的一二线城市，人口的数字看起来都十分庞大，但与直觉相逆反的，则是中国的人口密度和城市拥挤度，却显然没有"恐怖如斯"。

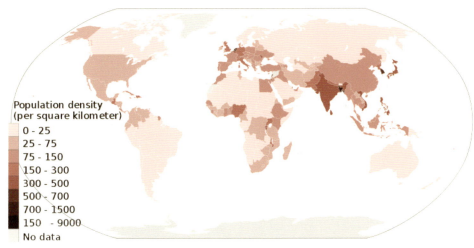

截至 2017 年底的世界人口密度地图（数据来源：世界银行数据统计）

据 2018 年中国统计年鉴数据显示，2017 年我国城区面积达到 198 357.2 平方公里，中国城市人口平均密度为 2 477 人 / 平方公里。如果按照省市来区分，城市人口密度最大的是黑龙江省和河南省，北京的城市人口密度排在最后一位。之所以我们对北上广深等一线城市有"拥挤"的第一印象，是因为这种一线城市确实集聚了大量的人口，但相应地，这些城市也拥有远远超过中小城市的城市建成区面积。[2]

如果将北京和纽约做对比，占地面积 1 214.4 平方公里的纽约，城区面积为 789 平方公里，包括郊区在内，大纽约市人口在 1 900 万规模，北京占地面积 16 410 平方公里，城区面积 1 401 平方公里，人口 2 153 万，北京较之于纽约，人口密度反而显得宽松。何况，比之于纽约，北京尚有 90% 以上的面积可供开发，长远来看，北京这座城市，远远谈不上"人口太多""城市太挤"。同理，占地面积 6 340 平方公里的上海，1 426 平方公里的城区面积也仅占全市面积的 22.5%，亦有很大的开发余裕。

若把城市的拥挤度定义为城市建成区人口密度，那么，在全球 224 个人口超 200 万的城市中，北京的拥挤度则显得十分"居中"，仅处"中等偏低水平"的第138位。同时，如果将北京是人口第一大国、全球经济增速最快的世界第二大经济体的政治与文化中心的特殊性予以考虑，甚至可以说北京的人口规模还是偏小的。

综合国内北上广深城市各自的"十三五"规划纲要，这四大一线城市均明确了各自到 2020 年的人口控制目标。2 300万、2 500 万、1 550 万、1 480 万的"人口红线"的划出，主要是根据城市的水土资源、能源供应等资源的综合承载力来做计算，并以"最短板"作为核载城市人口极限的制约。这种测算固然能为城市规划提供一定依据，但相对于现实并不严谨。"人均用水量"是北京控制人口的核心理由，但若以此来推论，那美国第二大都会区的洛杉矶便是"不应存在"的城市。北京外地调水率约 8%，洛杉矶则是 85%。由此可见，资源承载力并不是衡量城市人口规模的绝对标准，城市人口规模确实存在着一定的"弹性"。

有学者在研究中，根据各国总人口、人均 GDP 和土地面积，对各国排名前二的城市人口规模进行了一系列的拟合。在该拟合模型中，作为中国人口排名第二且是首都的北京，人口预测值约为3 000 万，若将"人均 GDP 翻番"的变量加入，预测值更是达到 3 500 万，这两个数据都明显高于当前的北京实际人口。[3]

伴随着全球人口的自然增长、各国城市化进程的推进及新型交通技术的出现，城市人口尤其是中国城市人口的扩增将成为一种普遍现象。但在这个过程中，我们不可完全寄希望于城市自身的"容纳弹性"，城市规划者和地产开发商等更应自觉担负起责任，以更合理的、更具前瞻性的城市规划和建设，为即将增长的城市人口提供空间、预置"留白"，从而让城市人口规模与城市的综合发展，始终保持良好的适配性。

4. 悖论的出现：特大城市人口再增长，竟可纾缓城市问题

通常，人们惯于将交通拥堵、环境恶化、公共服务不足等城市病的出现，归结于城市人口过多。似乎只要严格控制人口规模，城市便可以重返"最初的美好"，这也是许多一线城市居民支持当地政府对人口规模进行控制的理由。但这些大声疾呼者，却选择性地无视了是经济的集聚促成了城市的起源和发展，同时，城市规模反过来以经济的聚集，提升了劳动生产率，进而为城市提供了更高的收入和更多的就业机会。

与容易被第一眼就"看见"的弊端相反，东京、曼谷、中国香港等特大城市，均在人口增长的同时，实现了"城市生活更美好"的转变。在城市发展过程中，人口的涌入非但没有加剧失业，反而创造出了更多的就业机会。同时，人口的集聚、城市规模的扩张所带来的经济增长和财政收入的提升，也让大型的城市基础建设和公共服务被提前提上日程。仅就缓解城市空气污染而言，因城市人口的增长，"规模经济"成为支持城市"职住"功能分区、优化城市交通的前提，而在此基础上的合理的高密度的城市人口，可更集约、更高效地利用城市轨交等公共资源，降低个人对私家汽车的需求，在整体上降低了人均碳排放量。

自然，与城市人口暴增相对应的，是城市规划合理性的与日俱增，把治理"城市病"的着眼点，从行政干预转向专业的技术和规划管理。如地狭人多的新加坡，便是一个成功"以有限土地资源承载

人口高密度城市可持续发展"的典型案例。正视新加坡位居全球人口密度排名第二的现实，"新加坡城市规划之父"刘太格在 1971 年为新加坡确定了"25 个卫星镇环绕中心湾区"的城市布局和生态城市策略，随后数十年，新加坡便是围绕这一前瞻性、延续性强的规划做不断的优化落实。在此过程中，刘太格强调了"人口拆分"的概念，即对人口达到 100 万－150 万的片区做拆分，令其保持"中等个头"，在片区之下，另有若干个卫星镇，"中个子"与"小个子"合在一起，构成了新加坡的"城市家族"和"卫星城市"的整体形态。

此"拆分"思路下，整个大城市，成为以公共交通系统为骨架，一个个规模在 20 万至 30 万人口的卫星镇，各卫星镇功能高度齐全，步行 10 分钟生活圈覆盖率近 100%，不仅可满足居民的日常生活需求，也能提供更多的就业岗位。各自"自成一体"、彼此"紧密关联"的"城""镇"形态，不仅在岛上"塞下"了 564 万人口，让每一寸土地、每一类城市资源都发挥出了数倍于世界平均水准的作用和效率，也为覆盖率超过 80% 的城市植被、诸多自然保护区腾出了空间。可以说，正是科学的城市规划，让"本该"人满为患的新加坡，摆脱了"城市病"的困扰，并过上了令世界称羡的"花园城市"生活。

新加坡市政配套设施

5. 从春运地图, 浅析经济逻辑下的人口迁徙

"春运"一词, 首次见诸 1980 年的《人民日报》。从这个词语问世以来, 就被全世界戏称为"人类历史上规模最大的周期性人口大迁徙"。事实上, 对于有几千年"安土重迁"观念的中国, 春运并不是"自古以来"的民族传统, 只是改革开放之后, 对人员流动性的放宽, 才让长久依附于乡土的国人有了离乡外出务工的可能。细究春运, 早有学者发现, 从人口的流出与流入方向看, 人流迁徙背后的逻辑是一个经济学上的逻辑, 因此, 春运是一个研究中国人口与经济的绝佳切入口。

20 世纪 80 年代的春运

根据交通运输部数据, 2019 年春运期间, 全国旅客发送量近 30 亿人次, 这相当于让非洲、欧洲、美洲、大洋洲的总人口搬一次家。

春节期间城市"空"了

观察近 30 年来的春运,从最初的 1 亿人次到近些年的 30 亿人次,从最开始中西部地区人口向沿海地区的"孔雀东南飞",到近年来流动人口逐渐向中西部分散,中国人口的迁徙流动,人次变得更为庞大,形态也变得更为丰富,但仍然遵循着人口迁徙的国际规律:从低收入到高收入地区,从城市化到大都市圈化。"春运地图"和"春节空城指数",证明了城市"虹吸效应"确实存在,而"人往高处走""人随产业走"的俗语,以简白的表达,揭示了人类是如何在经济的"指挥棒"下辗转挪移。

随着中国新生人口数量的降低和人口老龄化趋势的加剧,不少城市开始放弃"管控人口"的旧思路,转身加入了抢夺人才的白热战。无论是大城市或都市圈的"管控"或"引入",还是三四线城市意欲对人口外流进行"阻截",红头文件永远都不能是真正发挥效用的"法宝",真正能发挥作用的,仍是城市自身的经济现状、产业形态、就业形势和各类公共资源,以及相应的利益福祉的分配、调度方案。唯有利益,才能决定作为社会经济活动基础的人口,是不辞辛劳地外飞,还是情系桑梓去返巢。

中国的人口迁移

6. "城镇化"取代"城市化":一字之差,两种人口分流逻辑

1978 年改革开放前夕,中国城市化率为 17.9%,略高于公元前 300 年左右的战国时代,基本与西汉持平,至 1984 年,中国城市化率追平南宋时代,达 23%。2019 年 12 月 23 日,中国社科院发布的《2020 年社会蓝皮书》指出,2019 年中国城镇化水平跨过 60% 的门槛,按国际标准,中国已经基本实现了城镇化,完成了从乡村社会到城市社会的转型。同时根据联合国预测,至 2030 年,中国城镇化率将达到 70% 左右,根据中国的人口基数,做一则简单的乘法运算可得出:未来 10 年,中国将新增约 2 亿城镇人口,总城镇人口将达到 10.2 亿规模。

各历史时期的城市化水平

朝代	年代	城市化率(%)
战国	公元前 300 年左右	15.9
西汉	公元 2 年	17.5
唐	公元 745 年	20.8
南宋	1200 年左右	22.0
清	1820	6.9
清	1893	7.7
中华人民共和国	1949	10.6
	1957	15.4
	1978	17.9
	1983	21.6
	1984	23.0
	1990	26.4
	2000	36.2
	2010	47.5

资料来源：赵刚著《中国城市发展史论集》和《中国统计年鉴》

　　在刚刚迈入城市社会时代的起点，前瞻未来，即将新增的 2 亿城镇人口，除现有城镇的自然人口增长，更多将来自于农业人口的转移转化，而这些新增人口是否都要涌入城市？显然，如果要将这 2 亿多新增城市人口"封装"到现有的大中小城市，则每个城市将被"均摊"200 万至 300 万人口，这对大部分城市而言都是难以承受之重。如何"安置"这些未来的城镇人口，这是一道难以求解，但正在求解的难题。

　　从党的十六大报告到党的十九大报告，中央和国务院的一系列政策文件对农村人口向各类城镇转移过程的表述，都是"城镇化"。在此过程中，中央政府否决了相关部门和一些专家提出的采用国际惯例的"城市化"提法的建议。"城市化""城镇化""都市化"，都是对 Urbanization 一词的翻译，但采用"城镇化"作为官方口径，取决于中国城市和城镇的现实特点。以城市群为主体，构建大中小城市与小城镇协调发展的城镇格局，是十九大对"城镇化"基本含义的明确。"城镇化"与"城市化"的一字之差，并不只是措辞上的差异。其一，中国有 660 个城市，但建制镇则有 2 万多个，广泛存在的小城镇分布着大量的乡镇企业，是支撑中国经济、接纳农村人口转移的重要产业载体；其二，在乡村与城市之间，对农村人口而言，城镇是一个更匹配其就业能力、受教育水平、消费能力和生活习惯的过渡空间；其三，在重视农村工作的"乡村振兴"政策中，对小城镇均衡发展的支持，是探索适合我国国情的低成本农村人口转移道路的实践，也是为了吸取拉美、南亚和非洲多国在城市化过程中人口盲目涌入大城市的前车之鉴。

　　在"人口就近城镇化"的新型的城镇化建设中，以江苏、浙江为代表的东部省市，已经开创了打破"郊区人口就地城市化"的局限。在 2019 年度全国综合实力千强镇前 100 强的榜单中，如江苏昆山张浦镇、浙江乐清柳市镇等，堪称是"城镇化"的典型，在这里，那些原本分散居住于村落的居民，在新型城镇化中获得了不逊于城市甚至优于一般城市的居住条件、丰厚收入和就业、医疗等公共服务及保障。

章节总结

　　城市更新，对于优化人口空间分布的结构格局、提高城市化质量、提振国家未来的经济发展具有重要意义。随着人的"流动性"的强力释放，人的流动迁徙，城市人口的增加减少，背后都有一条看不见的经济曲线。对城市人口规模、人口密度合理性的判断上，不仅城市管理者要慎之又慎，城市更新者也须持以谨慎理智且长远的判断。当人口体现为一个数字时，城市价值的生产者与城市资源的消耗者，这两种身份其实是同时存在于城市人口的身上，因而，城市人口规模的计算，将是一个类似古代"民伕运粮"的动态运算，"负粮几斗"是价值出产，"日食几升"是他们的消耗，管理者要看的，是最终的盈亏。而作为个人，城市里的每一个"千万分之一"，都有追求幸福、追求美好的权利和诉求。城市更新的使命之一，就是引导人口，以合乎市场规律和时代发展趋势的方式，向合理的航道去流动。

[1] 闰诉：《细说东京轨道交通，长度超过2 500公里，比北京和上海的总和还要多》。

[2]《2017年全国城市人口密度排行榜》，2018年中商情报网官方。

[3] 黄文政、梁建章：《城市发展——北京该不该严控人口》。

1.3交通篇

理想的城市交通
应是连接生活与未来的通道

作为城市功能的重要支撑，交通系统在城市更新中具有重要的意义。在紧凑型城市理念被广泛接受的当下，城市交通的更新优化，也需要从存量规划做转型升级。如何在不大面积影响用地功能和空间形态的前提下，提升地区的交通运行效率和城市的整体活力，高效而有序地支撑起城市对生活和发展的双重需要，正成为城市更新参与方重点思考的课题。

1. 难倒"北京的哥"的冷知识：北京地铁最长一站，在哪儿

北京的哥素以能侃著称，很少有问题能难住这个全面修习了天文地理、政史民生、经济军事的"百晓生"群体。但即便是"老北京"的他们，可能也很少有人能答出，北京地铁最长的一站在哪里。这个问题，或许唯有那些能在《五环之歌》中听出悲怆意味的北漂们，尤其是在"回天地区"住过的北漂们，才会带着忧郁的坚定，给出一个咬牙切齿的答案：地铁13号线，从望京西站到北苑站。

下一站：回龙观

在平均站距只有 1 到 2 公里的北京地铁里，这两站确实显得鹤立鸡群：两站间的长度达到了 6.7 公里，突破了起步价的公里数，略相当于北京市内地铁线路寻常 7 站的长度，两站耗时 8 分钟。在这一站的路上，是回龙观和天通苑的租客，也是 13 号线的主力乘客，在人挤人的 B 型地铁车厢里，一天天去经历"城区—郊野—城区"的穿越。

提及北京 13 号线，不得不提"回天地区"。这是相互毗邻的回龙观和天通苑的合称，63 平方公里的整体面积，近 90 万常住人口，让它收获了"亚洲最大社区"的称号。该区域是 1998 年住房分配制度改革后，北京开建经济适用房的产物，2000 年后，大量人口涌入这片本被规划为回迁安置的地段。因该区域产业经济不发达，严重的职住分离，数十万将"回天地区"当作"睡城"的居民，每天都要往返市区通勤。而由 13 号线、5 号线、8 号线组成的地铁交通，虽经多次调整，运载力仍显得脆弱不足。

以承担该地区东西向交通的 13 号线为例，2003年开通之初，其日客运量仅 4 万人次，至 2016 年则猛然接近 80 万人次，13 号线西段，在早晚高峰时段满载率超过 129%。受地铁进出口和闸机口过少这一"雪上加霜"的不利影响，每日清晨，乘客须在站外排队 10 至 20 分钟才能进站，然后要再等上几趟车才能挤上去。晚间，这一景象则在上地、西二旗等站点再度上演。早晚高峰比北京市平均值早 1 小时，全天拥堵时间长达 8 小时，全北京客流前十的 10 个站点，本区域独占 7 个。这些"城市统计数字"作用于人，便是该区域居民每日上下班 3 小时的高体力、高疲惫的通勤时间，这个数字远高于北京全市平均 56 分钟的通勤用时。

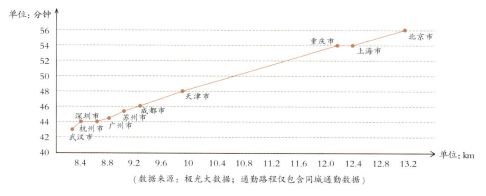

各城市平均通勤路程及用时

（数据来源：极光大数据；通勤路程仅包含同城通勤数据）

最长的站点、冗长的通勤时耗，是回天地区城市交通的一个剪影，也是数十万人每日都在经历的、挑战忍耐极限的日常。这种交通上的困境不是回天地区所特有的，而是城市化进程中规划理念和模式、标准受时代局限的普遍体现。

2018 年 8 月，北京市发改委、交通委、昌平区政府等部门联合发布《优化提升回龙观天通苑地区公共服务和基础设施三年行动计划（2018—2020 年）》，《计划》将投入 195.2 亿元，在 4 个领域实施 17 项任务，通过 97 个正式项目和一批储备项目，解决回天地区的公共设施和交通问题，而这一计划是否能真正解决该区域所存在的各类城市弊病，仍有待未来观察。

2. "在路上"的城市模型演化:"田园城市""卫星城模式"与"TOD模式"

在城市规划领域的必读书目中,"Tomorrow"似乎是一个高频词:埃比尼泽·霍华德的《Garden Cities Of Tomorrow》、彼得·霍尔的《Cities Of Tomorrow》或是勒·柯布西耶的《The City Of Tomorrow And Its Planning》,一众大师无一例外都对"明日"的城市规划提出了自己的设想和主张,而"明日"的落笔无疑也印证了另一个现实:城市规划,仍处于一种"在路上"的前进和发展的势态。作为城市规划极为重要的一个构成,交通亦是思辨不同规划模型之异同的切入点。

19世纪末,英国社会活动家霍华德提出了"田园城市"的规划设想,这个兼具城市和乡村优点的理想城市模型也成为现代城市规划的开端。在霍华德的观念中,城市环境的恶化是由城市膨胀引起的,限制城市的自发膨胀,疏散因城市"磁性"而过于集中的人口并建设新型城市,是未来城市的发展方向。为此,霍华德设计了田园城市的群体组合模式:由六个单体田园城市围绕中心城市,构成被他称之为"无贫民窟无烟尘的城市群",其地理分布呈现出一种行星体系特征,其中心城市的规模略大,而城市之间则以快速交通和即时迅捷的通信相连。

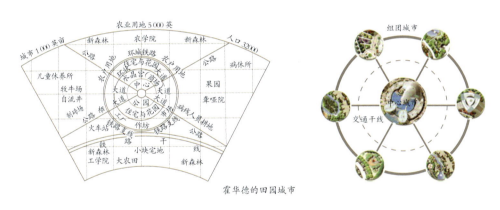

霍华德的田园城市

至1930年,勒·柯布西耶提出了"光明城市"的城市规划设想。该设想主张在城市里兴建高层建筑、现代交通网和大片绿地,从而为人口高密度的城市,于有限的空间创造"充满阳光的现代生活",节约、集中是该模式的关键词。柯布西耶认为,交通问题的产生是由于车辆增多而道路面积有限,交通愈近市中心愈集中,而城市因为是由内向外发展,愈近市中心道路愈窄。因而他主张,以增加道路宽度和停车场的方式强化车辆与住宅的直接联系,减少街道交叉口或组织分层的立体交通。

柯布西耶对光明城市的构想

当时光迈入20世纪90年代,基于对城市化的"郊区蔓延化"的反思,新传统主义规划(New-Traditional Planning)于美国兴起,进而演变为新城市主义(New Urbanism)。新城市主义倡导者之一的彼得·卡尔索尔普所提出的TOD(Transit-Oriented-Development)公共交通导向的土地使用开发策略逐渐被学术界认同,并在美国的一些城市得到推广应用。

该模式倡导建设以公共交通为中枢、综合发展的步行化城区。其中，公共交通主要是地铁、轻轨等轨道交通及巴士干线，然后以公交站点为中心、以 400 至 800 米（5 到 10 分钟步行路程）为半径建立集工作、商业、文化、教育、居住等为一体的城区，以此实现各个城市组团紧凑型开发的有机协调。

从"田园城市"到"光明城市"，城市交通是各模型设计者实现城市人口疏散或集中的一种手段，而将公共交通上升至"导向"地位的 TOD 模式，则将土地使用和公共交通视为协调城市发展、解决城市拥堵及用地不足的"新药剂"。某种意义上，交通是决定系统化城市规划的关键变量，城市道路真的将决定城市踏上怎样的未来发展"出路"。

3. 城市交通规划：另一种意义上的"马屁股决定火箭直径"

A：为什么火箭的直径都是 3.35 米？

B：因为火箭运输靠火车。铁路涵洞的宽度，决定了火箭的直径。

A：铁路涵洞的宽度，又是由什么决定的呢？

B：铁轨的宽度。

A：那铁轨的宽度，又是由什么决定的呢？

B：……

A：英国人发明火车，铁轨宽度，沿用了有轨电车的轮宽；电车轨道的宽度，沿袭了罗马战车 4.85 英尺的车轮间距，而马车车轮的间距，正取决于两匹战马的屁股宽度。

这是一则在航天界十分有名的"段子"，火箭的直径，在两千年前便由两匹马的屁股决定了。同时，这个段子也以一种颇有传奇意味的口吻，最浅显地解释了何谓 Path-Dependence，即"路径依赖"原理。人类社会中的技术演进或制度变迁，均有类似于物理学中的"惯性"，一旦进入到某种路径，便会对这一路径产生依赖。这个原理的声名远播，则有赖于道格拉斯·诺斯以"路径依赖"成功阐释了经济制度的演进，并获得了 1993 年的诺贝尔经济学奖。

正如这个原理的字面意思，"路径"不仅对技术或社会制度、经济模式有深远强力的影响，在人类交通和城市建设上，其效力更是直接。在技术、制度和社会观念的相互作用下，城市的交通模式，是很有可能被长期锁定在某个模式上，即使之后有如何的发展，依然是对最初路径的"强化"。

火箭的直径取决于两匹马的屁股

以美国地铁建设为例，早在 20 世纪 30 年代，美国就拥有了让世界艳羡的地铁系统，但在百年之后的今天，在全球掀起兴建地铁的热潮之时，美国的地铁却显得沉寂。纽约目前运行的 39 条线路，其中 20 条都是在 1920 年代之前建成的，2017 年全球地铁承运约 58 亿人次，北美地区占比不足 7%。

美国地铁

美国地铁的没落，虽也受城市人口密度不高、汽车普及性高、地价高昂、经营亏损等因素的影响，但本质上，还是"路径依赖"的结果。大萧条时代，罗斯福政府对交通基础建设的投资，更多偏向于与汽车相关的方面。1956 年，美国通过新的联邦支持的高速公路法案，进一步推动了汽车的普及和城市的蔓延。最终，在技术选择、城市形态、政策导向和社会观念等多重因素的合力之下，美国城市交通的技术发展和模式选择都偏向于汽车导向，地铁交通便自然沦为"次要方向"。

从西方城市建设和交通规划中吸取经验，中国政府高度重视城市化进程中交通系统的先见型规划与建设，并着力寻求更合理的"发展路径"。

在这一过程中，上海浦东的交通建设颇有可取之处。以 2010 年上海世博会为契机，上海市政府于浦东"铺开"了庞大的轨道交通网络，除当时已开通的地铁 2 号线、4 号线及磁悬浮列车外，2007 年后，地铁 6、7、8、9、12 号线陆续建成，基本奠定了浦东的地铁交通"大"格局。此外，规划当中的"四环六射"的快速路网，构成了浦东道路体系的主要骨干网络结构，与浦西相连的 19 条越江桥隧，也密切了浦江两岸的关联。同时，为了应对上海世博会期间 1.4 亿人次国内外游客的通行需求，浦东新区政府也对综合交通信息管理系统做了信息化、智能化的专项升级。

上海地铁 2 号线浦东段—上海科技馆站内一景

在上海世博会成功举办的 9 年后，浦东新区"以轨道交通为核心的多模式公共交通体系"已见成效，并以高效畅捷的运转，支撑起了浦东新区的发展。行路于前，昔日曾被质疑过"既大且空""劳民伤财"的规划，已被现实证明是一种超前时代的远见，若"初始路径"显得短视、偏颇、局迫，则城市的后续发展也将走入迷途甚至错路。

4. 城市交通建设的本质，或是对"路权"的重新分配

提及中国"堵城"，多数人的第一反应似乎都离不开"北上广"。但根据《2019 年 Q1 中国主要城市交通分析报告》，重庆这座山城和朋克之城顺利"夺冠"。同属西南城市，同样地势复杂，曾一度长居"十强"榜的贵阳，在本次"排位赛"上挣脱了"堵城"的魔咒，交通拥堵延时指数为全国第 22 名，较 2018 年排名下降 16 位。

贵阳，贵州省会，内陆山区中心城市，面积 8 034 平方公里，常住人口 488 万人。比较而言，受地理区位和历史经济因素的影响，贵阳在交通等基础设施建设方面长期落后于东部地区。随着改革开放的深入和城市经济实力的增强，贵阳城市交通基础设施建设自然有强力的"补课"，但同样随之而来的，是市中心城区人口密度大、汽车保有量突破 120 万，此消彼长的现状下，似乎"拥堵"才应该是贵阳的常态。

		中国堵城排行榜			
排名	城市	路网高峰行程延时指数	排名	城市	路网高峰行程延时指数
1	重庆	1.876	26	南宁	1.641
2	济南	1.868	27	厦门	1.601
3	北京	1.792	28	太原	1.600
4	呼和浩特	1.787	29	广州	1.599
5	哈尔滨	1.783	30	石家庄	1.598
6	长春	1.751	31	深圳	1.594
7	西安	1.746	32	烟台	1.593
8	沈阳	1.739	33	保定	1.591
9	合肥	1.738	34	天津	1.564
10	郑州	1.727	35	宁波	1.543
11	大连	1.716	36	温州	1.542
12	福州	1.715	37	杭州	1.534
13	南昌	1.715	38	佛山	1.527
14	长沙	1.711	39	苏州	1.524
15	南京	1.709	40	常州	1.522
16	武汉	1.702	41	台州	1.520
17	上海	1.686	42	唐山	1.517
18	兰州	1.685	43	淄博	1.512
19	成都	1.679	44	无锡	1.503
20	昆明	1.674	45	扬州	1.499
21	西宁	1.671	46	绍兴	1.465
22	贵阳	1.668	47	泉州	1.463
23	洛阳	1.666	48	东莞	1.429
24	柳州	1.665	49	南通	1.399
25	青岛	1.622	50	乌鲁木齐	1.379

数据来源：高德地图《2019年Q1中国主要城市交通分析报告》

若分析贵阳为何能跳出"堵城"，其近年来的环线建设、中心区与外围组团快速路建设、公共交通的大跨步发展，都是改善市内交通的重要举措。但这些"硬件"上的建设，仍无法与交通压力相同步和匹配，和诸多大城市的发展一样，通过基础设施建设来"扩充容量"，总会碰壁上限。也正是因此，贵阳市所寻求的，是通过交通管理的杠杆，破题城市交通拥堵的新思路。

早在2009年，贵阳开始了道路交通管理智能化项目系统平台的建设，在随后的2013、2016年，该平台的二期、三期建设相继展开。这套集适应交通信号控制、交通仿真、视频监控、高清多功能电子警察、高清卡口、交通信息检测等多套系统于一身的智能化平台，可根据交通信息变化自行进行信号控制，并为交管参与者提供交通信息服务、道路非现场执法、快速反应紧急事件等服务。此外，该系统还与数字城管、110指挥调度系统实现互连互通，助力交管参与者精确打击交通违法，快速撤除交通事故现场，优化道路交通秩序。

目前，贵阳市已经在市重点要害部位、治安复杂场所、交通繁华路口和城区出入口等场所建设了10 000个高清视频监控点位，覆盖全市11个区市县。如果说交通基础设施的修葺、完善，在一定程度上缓解了贵阳的交通压力，那么交通数据网的打通、运营、决策的智慧化，则以更高效、更具针对性的管理和调控能力，对贵阳的地面交通"路权"进行了更合理、更畅捷的分配。

在物联网、大数据等技术不断发展，交通出行需求愈加旺盛的背景下，推进智慧交通、打造平安交通已经成为当前各个城市交通建设的需求。如何为各自的城市建立一个成熟的城市综合交通模型，以完善的城市交通容量分析，确立城市路权的最优分配，进而有效缓解拥堵，提升城市交通资源的利用效率，早已成为摆上各城市管理者、交通规划者案头的核心提案。

附：贵阳市智慧交通建设历程

2014 年，贵州省"云上贵州"系统平台上线，其"智能交通云"将交通、气象数据、交管、城管、停车场等数据化，为百姓出行、政府决策等提供了智能化出行服务。

2015 年，国内首个城市交通数据开放与应用平台——贵阳市交通大数据孵化器投入运用。

2017 年，贵阳市举办"中国'云上贵州'智慧交通大数据应用创新大赛"，与 18 家团队签署战略合作协议，推动"智慧交通"进一步发展。

2018 年，贵州交通大数据初步形成"聚通用"的格局，交通大数据在政府决策、路况管理、交通出行等方面作用愈显愈大。

2019 年，贵阳市在"数博会"上，推出了全国首个 5G 技术赋能的智慧街区。

5G 技术赋能的未来都市

5. 多枢核、全串联：跨城际"共享经济"的道路要求

1978 年，美国得克萨斯州立大学社会学教授马科斯·费尔逊（Marcus Felson）和伊利诺伊大学社会学教授琼·斯潘思（Joel Spaeth）发表了一篇题为《Community Structureand Collaborative Consumption:ARoutine Activity Approach》的论文，自此"共享经济"以一个经济学术语的形式走入大众视野。至 2010 年，Uber、Airbnb 等实物共享平台的兴起，让"共享经济"真正走向了现实。

时隔 30 余年，共享经济从概念迈入现实的过程，等的是一个"机缘"，"闲置资源、使用权、连接、信息、流动性"是共享经济的关键要素，若无互联网的兴起，共享经济便无法搭建起实现信息或实物"连接、流动"的通路。在共享经济已成为市值万亿美元的全球经济机会的当下，城市群之间的"资源共享"，也成为凝聚全球共识的经济潮流，而连接城市的交通则是比互联网更早存在的，可打破空间限制的天然媒介。在"共享经济"时代，跨城际的便捷、高效的交通管道，即是城市与城市交互物质、流通信息，让过剩或闲置的资源及其他生产要素产生更高密度的价值产出，实现都市圈"能量循环"的动脉。

2013 年 10 月 16 日，中国首条跨省（市）地铁线路，上海轨道交通 11 号线北段延伸工程（上海安亭站—江苏昆山花桥站）开通试运营。根据昆山轨交管理部门统计，昆山境内 3 个站，其日均通勤人数，2013 年是 2.6 万人次，2017 年涨至 5.7 万人次，周末或节假日一般都会突破 7 万人次。突破行政区划的隔断，这条西起昆山花桥站，终抵上海迪士尼，总长度达 80 公里的轨交 11 号线，真正让省市的地理边界得以淡化乃至"消失"。同城效应之下，数以万计"住在花桥，上海上班"的上班族，成为"大上海都市圈"生活方式的受益者。

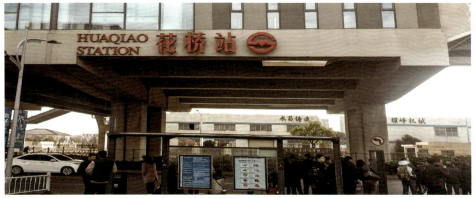

花桥地铁站

相比于对个人工作生活方式的改变，11 号线的贯通和运营，对城市经济发展模式的促动更为显著，不同于传统的"城市是地区发展的中心"，都市圈所强调的则是经济活动的影响力，而不局限于行政规划或地理分界下的有限覆盖。

跨城际交通干线所打通的，不仅是交通本身的串联，更在于被连接的空间范围内，城市的功能、经济产业、基础设施乃至生态保护的一体化。在 11 号线开通的 3 年后，花桥经济开发区生产总值完成 229.95 亿元，是 2013 年的 1.4 倍，年均增长 11.0%，服务业增加值完成 192.03 亿元，是 2013 年的 1.6 倍，年均增长 16.3%。[1]

根据《上海市城市总体规划（2016—2040）》，上海大都市圈将成为包括上海、苏州、无锡、南通、宁波、嘉兴、舟山在内的"1+6"城市群，总面积 2.99 万平方公里，总人口约 5 400 万。随着区域交通设施的互联互通，90 分钟交通出行圈内的各城市，将与上海产生更为紧密的协同合作，共建共享新型城际关系，构建全新的经济版图。

6. 瞭望和猜想：无人驾驶时代的城市道路长啥样

2017 年，在"面向 2040 广州市交通发展战略规划"前期工作专家咨询会上，官方向外界透露了广州市"至 2040 年建成与全球顶级城市相匹配的交通体系"这一战略目标，专家表示，"将来如果 300 万辆无人汽车在城市道路上跑的话，可能需要的不是现在这种路"。

同年起，美国交通界针对无人驾驶对城市交通规划的影响也展开了一系列探讨，其中有两份报告引起了广泛关注。一份是来自美国佛罗里达州州立大学的《畅想佛罗里达州的未来：无人驾驶汽车时代的交通和土地利用》（*Envisioning Florida's Future: Transportation and Land Use in an Automated Vehicle World*），另一份是美国全国城市交通官员协会（NATCO）发布的《未来无人驾驶城镇街道蓝图》（*Blueprint for Autonomous Urbanism*）。这两份报告总结了无人驾驶发展对未来城市交通系统的影响，无人驾驶影响下城市交通系统的演变进程，以及可以应对无人驾驶时代到来的城市交通策略和未来城市街道蓝图。

美国无人驾驶已率先测试于 Uber 服务

以超前眼光预判未来，比人类驾驶更精确的无人驾驶技术，将对道路建设有怎样的影响？

更窄更高效的新型车道

隔离带不再有存在的必要，道路宽度不需要预留"容错余量"，无人驾驶车辆体积更小，反应速度更快，不需要和其他车辆保持很大车距，因而每个车道的通行能力将大大提高。[2]

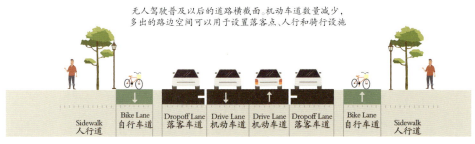

现状道路与无人驾驶普及后的道路横截面对比图

更多更灵活的落客点

乘客到达目的地后，无人驾驶车辆可以自行离开，无须考虑停车问题，新型道路需提供大量的落客点。[3]

V2V 和 V2I 技术将取代传统物理信号灯和交通标志

无人驾驶时代，车辆对车辆（V2V）和车辆对基础设施（V2I）技术将负责向车辆传达交通流和基础设施的实时信息，面向人类驾驶员的传统信号灯和交通标志甚至车道分割线将不再需要。[4]

车辆对基础设施（V2I）技术示意图

车辆对车辆（V2V）技术示意图

更小且无需占用市中心场地的停车场

无人驾驶车辆可在乘客到达目的地后自行前往停车场；未来停车场的停车间距可以更小，灯光、电梯等设计不再有必要，停车场空间利用效率大大提高。[5]

立体式停车场

章节总结

　　在中国城市化进程高速推进的今天，交通系统的规划，应从"单项"走向"整体"，结合城市规划的系统视角、对未来发展的前瞻远见，予以足够的重视。城市交通路线的存在，不是为了车辆通行这一表面功能而出现的产物，而应是串联城市各功能分区、交互城市资源、连接生存与生活的城市活力动脉。以更人本的、更具前瞻意识的交通规划思想，重新审视城市更新当中的交通系统和组织管理方式，我们要避开的，是"见木不见林"的迷障：要关注路，更要关注网路；要关注区域交通，更要关注城市整体；要解决当下需求，更要留白未来容量。

---

[1]《人民日报》，海外版海外网。

[2] [3] [4] [5] 企鹅号 – 北京规划国土

1.4街道篇

城市更新中的街道保护
以人为尺度的直接和间接演绎

　　街道是城市的神经末梢，细微、广泛，却是人与城市产生感知，进行互动最频繁、最日常，也最容易被忽略的端口。街道也是一座城市真实状态的切口，它反映着这座城市的人文历史、性格气质、居民情感和运作秩序。在烟火四季里，当城市更新走入那些下沉了城市记忆与温厚情感的街道，我们将面对的，既有每一位居民对美好现代生活的无限渴望，也有他们对种种铭心的过往无比的眷恋。这种矛盾的祈盼，该如何回应？

1. 街巷的起源：古代人是怎么"逛街"的

　　2019 年 10 月，一部豆瓣评分 8.6 的国产网络剧《长安十二时辰》横扫朋友圈，堪称大唐版的"反恐 24 小时"。

　　当公元 744 年的盛世长安如画轴般铺于眼前，高大恢弘的城门楼宇、如棋盘般整齐划一的 108 坊、身着齐胸襦裙挽马髻的丰腴丽人、胡商驼队车水马龙的盛世市井，让人观睹了 1200 多年前属于普通人的繁华现世生活。如果说"逛街"是世俗生活中普通人最能"相通"的快乐，那么，中国人也是于此时起，才真正有了"逛街"的体验（即便如此，开放了宵禁的元宵节仍是特例，若在平时，夜间上街即是"犯夜"，须付出挨二十军棍的惨重代价）。与"世界上本没有路，走的人多了就成了路"同理，世界上本没有街道，有了城市，便有了街道，但有了街道，却不一定就能逛街。

《长安十二时辰》

在我国目前所见的年代最早的手工业技术文献《考工记》中，一幅周王城图为后人记录了中国古代城市的营建方式，也清晰地勾画出了当时城池内部的道路规划，这种方直平整的街道方格网系统具有浓郁的东方特色。自商周至明清，这种城市交通规划的布局体系成为绵延数千年的传统，城邑的规模、城门的大小、道路的疏密，各有其等级与功能的规定。

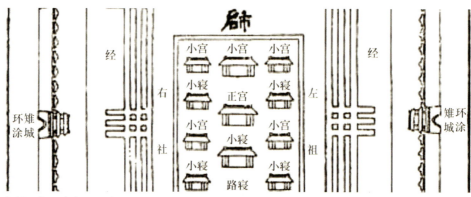

《周礼·考工记》中的周王城

反映在街道上，通畅性自然是每条街道都须考虑的重点。除此之外，出于帮助御敌、方便政府管理、维护治安等思考，古代街道多数是兵营式、行列式的单调排布，道路街巷设计在现代看来不尽合理。且因城池之中建筑群占地面积过大，留给街巷分配的道路占地面积相对较少较小，大街小巷的城市街道结构是当时的必然，受此街道布局和功能定位、尺度大小的局限，即便是西汉雄都长安城，其九街八陌六十闾的城内街巷，也确实不是"逛街"的良选。更为重要的是，受农业社会生产力水平的影响以及"重农抑商"的社会风气之局限，"人、商铺、货品"在真正适宜逛街的街道相逢，始自于"百千家似围棋局，十二街如种菜畦"的盛唐长安坊巷。

公元 960 至 1279 年的两宋和辽金时期，中国城市道路建设和交通管理，显现出了与隋唐时代明显有别的变化：街与市开始了有机融合，城市大道两旁，真正成为百业汇聚之地。这个阶段的城市居民，走出了周、秦、汉、唐时期，以封闭分隔为特征的"坊里高墙"，城市街道成为空前活跃的城市生活的生发地。在人口超过百万的都城汴京，多达 6 400 多家的城中店铺、酒楼茶肆、勾栏瓦舍日夜经营，商贩艺人填塞街巷，在宽两百步两侧有御廊的宽阔街道上，《东京梦华录》里的种种烟火生色终于证明，有活力、有闲逸的街，确实是用来逛的。

《东京梦华录》

2."道路"至"街道"的回归:以"人"而非"汽车"为设计尺度

《伟大的街道》的作者阿兰·雅各布斯曾有言,如果我们能把街道营造成美妙的、令人愉悦的场所,能够吸引所有的人,那我们就成功设计了1/3的城市,并且对剩下的2/3也会产生巨大的影响。由此可以看出,在作者的心目中,街道设计之于城市有何等重要的作用。以此观念反推于现实,似乎也可断定:设计不够"美妙"的街道,是城市不能"伟大"的罪魁。

长期以来,中国对城市交通建设的关注点,都聚焦于道路的畅通性和快速性,往往忽略了城市街道是城市生活场所的重要构成。对机动车通行效率的过分追求,意味着对人的需求的弱化和漠视。当前,在"创新、协调、绿色、开放、共享"的发展理念下,街道作为人性化公共空间的认知被许多人重拾,而街道更新的设计逻辑也随之有新的转变,或者说是回归。

自从黄帝"横木为轩,直木为辕"制造出车辆,街道便有了各类交通工具的轮影辙痕。但城市街道和高速公路、城市快速路等道路在功能和设计初衷上应该有所不同。交通工具的出现,本意是方便生活、服务于人,因而街道的设计尺度,应当以人的感受为衡量的标准,"步行设计",体现着现代城市的文明。

2018年城事设计节,发起了对上海长宁区番禺路222弄的街道更新计划。该计划最初被称之为"步行设计室",建成后,当地居民一致将其命名为"小粉巷"。为更新这条长80米的街弄,更新者在"设计开放日"期间,走访了居民,聆听了他们的整改意见,了解到通行度和社区完备度是矛盾的焦点。

我发现这里没有小孩子玩的地方,我希望步行道能设置座椅,有亲子空间。

我发现弄堂的设计高高低低不方便行走,我希望步行道流动性更好,更有生活气息。

我希望弄堂里有可以坐的地方。

我发现这里存在停车混乱的问题,希望由专人管理道路的停车和卫生问题。

居民意见

番禺路222弄街道更新前

道路分割问题

商业界面混乱

非机动车停放混乱　　　　　　　　　　　　　公共空间私有化

各类问题正困扰居民生活

　　根据反馈意见，更新者将"步行优先""儿童友好"作为两大原则，在设计方案中，取消路缘石和高差，为行人、非机动车和低速机动车提供一个完整的共享表面。基于"步行优先"原则，更新者以步行速度替代汽车速度作为设计的源点，在"放慢"汽车通行速度的同时，倡导街道使用者通过"合作"方式来协商路权，让整条街道发挥出最大的公共性。步行区内原本堆满杂物的花架被拆除，利用空场做了一个儿童友好的步行实验带，用四种不同的材质拼接，给予行人变化的步行体验，5 组座椅围合成"里弄客厅"。

回归公共生活空间

　　从"道路"向"街道"的回归，让街道从机动车交通空间，重新回归至"步行化生活空间"，是本次街道更新的主要特点。如今在上海，在越来越多的"共享街道"上，汽车骄横鸣笛疾驰的画面已越来越少，少了"车轮"侵占的街道，再一次成为对行人友好的慢行区域和为邻里所共享的"闲逸归属"。[1]

步行化生活空间

3. 现代街区的"交叉路口密度"：
在"密不透风"与"疏可走马"之外的第三种可能

生活在城市，每个人每天都会在不经意间经过许多十字路口。"向左走向右走"的十字路口，甚至成为一种选择哲学的象征。在日本东京市大田区的"七辻"，基本上，只要站在这里，人们都会不自觉地开始数数，这个没有信号灯的地方究竟有几个路口？事实上，这个七岔路口也是日本第一让行模范路口。

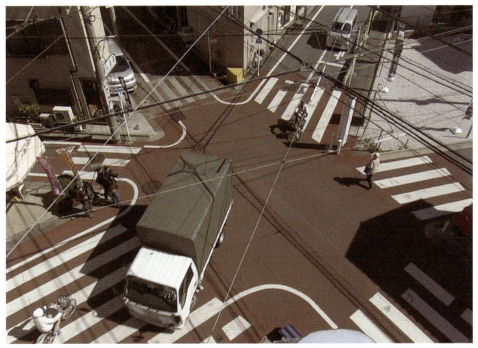

日本东京大田"七辻"

如果路口真的代表着选择，那东京可能拥有全世界最多的选择，在路网密度这个数据上，东京为11.13 千米 / 平方千米，是北京的 6.53 倍，且因日本的道路更为细窄稠密（北京城市道路平均宽度为14.64 米，而日本车道宽度在 13 米以上的四车道道路只占日本道路总长度的 1.51%），不难判断其岔路口的数量相较于北京，倍数会更高。反映在东京的城市生活，其窄而密的城市路网，不仅构成了东京高效的交通网络，也分隔出了小而精巧的街区，多数街区尺度是 100 米 ×100 米，东京 CBD 丸之内地区尺度也基本都在 100 米 ×200 米以内。在这种遍布路口的街区，人们的出行有更多的路径选择，过街距离也因缩短而更安全。

以交通规划软件 TransCAD 为工具，对相同时空资源条件下宽疏道路与细密道路对于交通方式选择影响的研究，也印证了东京街区道路的优越表现，在道路面积一定的情况下，细密道路使道路长度增加，更多住宅、商店等城市元素被连接，可容纳、完成更多的交通量，车辆、行人的途径选择也多样，较高的路网密度，更高的交叉路口密度有助于降低绕行系数，改善可达性。

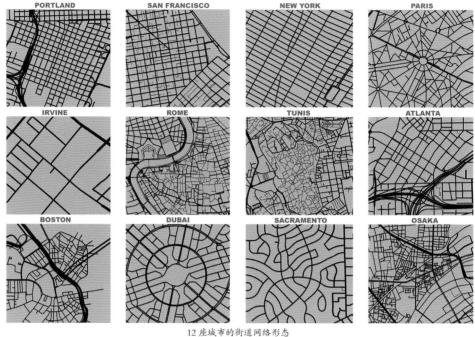

12座城市的街道网络形态

仍以北京为例，2019 年其城区道路总里程共计 6 203 公里，是 1978 年的 3 倍，但在这种"宽而疏"的道路扩建下，市区机动车出行动态非直线系数为 1.56，远高于方格路网通常的最大系数 1.414，证明绕行现象严重，存在大量无效交通，且九成以上的交通都行经主干道，支路负担的通行距离只有约一半。[2]

分叉路口是城市交通的一个截面，透过这个截面，我们可以看见，城市交通并非是"越密越好""越宽越好"。在如书法理论中的"密不透风"和"疏可走马"之间，合宜的城市交通规划，会产生合宜的街道交叉路口密度，进而创造出体量大小合宜的城市街区，并通过街道的交织串联，让适合步行、骑行的活力街区振奋整个城市。

4. "旧的新潮，窄的宏阔"，上海64条"永不拓宽的街道"的百年风情

2009 年，上海启动了新一轮的城市更新。根据《上海市风貌保护道路（街巷）规划管理的若干意见》，上海中心城 12 个风貌保护区内被保护的道路和街巷共计 144 条，其中，有 64 条道路被确定为要"原汁原味整体保护"的对象，即此类道路将保持原有的宽度和相关尺度，且沿线开发地块的建筑高度、体量、风格、间距等均须保持历史原貌。而在此之前的 2005 年，上海为解决城市交通拥堵问题，对许多街道进行了拓宽，也正是这个过程，让上海看到了此类拓宽，不仅没有根治城市交通难题的成效，反而带来了一些让城市"黯然"的副作用。

带着反思，2009 年的这一《意见》，彰显了上海这座城市关于传承和理想的决心，也折射出了上海

对街道保护、城市更新更深刻的理解。一方面，这种"永不拓宽"的保护，是因为这些最完好和集中地体现了上海历史文化的街道，挺立着开埠以来上海的经典建筑，印刻着过往百年的风云印迹，流转着海纳百川的人文情韵，也延续着海派生活的多元丰富。另一方面，则是上海市政府及相关机构已然认识到，街区风貌是一个整体，所以仅对具体建筑做保护是不够的，还必须对那些连接建筑的街道，甚至街道上的行道树、铺地、道板等细节构成和无形的历史氤氲，给予同等的关注和保护。

以恬静温婉的愚园路为代表，64 条被列入"永不拓宽"名录的道路，在"微创手术"的更新基调下，被完整保留下了各自的历史与文脉。今天，在这条横跨长宁与静安两区，曾与霞飞路齐名的上海"上只角"道路上，街道两侧的法国梧桐，老式洋房白色的屋顶，以及洛可可风格的外墙装饰，让此间拥有一种与他处熙熙攘攘所不同的闲散静逸。在这里，看得到里弄中"上海爷叔"们晾晒衣物话家常的典型沪上生活日常，也看得到被"愚园百货公司""愚园公共集市"带来的众多年轻面孔的来访。超百岁的愚园路，被保留和保护的不只是施蛰存故居、百乐门舞厅和《布尔什维克》编辑部旧址等历史保护建筑，也有上海市民的生活和自由、温和的精神，而"微创更新"的方式，更是自带着上海人"螺蛳壳里做道场"的灵活婉转。

百年愚园路

不将"古旧"视为落后,不将"狭小"视为逼仄,上海的这一轮城市更新,明显有别于大拆大建的城建思路,"64条永不拓宽的街道",在满足原居民生活需求、盘活既有空间的基础上,在提升核心老城区资产价值的意图外,也成功保存了这些百年马路的历史文化风貌,并以新填充的内容和业态,激活了街道适应当代的发展活力,并以其骨子里的"上海风情",为日趋相似的城市现代化,留下了易于识别的风味密码。

5. 历史风貌街道整治,人的尺度即"分寸"

1961年,一位美国记者以"外行人"的身份,"莽撞"地闯进了城市规划领域,一本名为《美国大城市的死与生》的书作成功出版。在这本书中,作者以"这是谁的城市"的尖锐提问为开篇,与当时城市的规划理念唱起了"反调":他人呼吁清除贫民区,她提出增加城市人口多样性;其他人表示应该拓展城市空间,她却觉得城市应该更"稠密",并认为由此产生的"混乱"的其乐融融十分珍贵;她认为街道上的小商铺应该保留,小尺度的街区应该继续保持。相比于专业建筑师、规划师,雅各布斯所注视的是建筑之外的鲜活的城市生活、各自的历史文化以及以人为尺度的价值衡量。

《美国大城市的死与生》作者简·雅各布斯

更新的分寸该如何拿捏?新与旧,要保持怎样的比例才能恰到好处?被纳入2016上海城市空间艺术季15个案例展之一的新场古镇,是上海为数不多保存完好的千年古镇,也是一个"活着"的古镇。相比第一轮古镇开发热潮之中涌现的周庄、乌镇,新场的"入场"晚了十年。因此,新场在开发模式上,可以在此前的案例中借鉴其可取之处,也能从容地避开一些同质化的坑洼。如果仅仅停留于沿街商业开发,那古镇就无法提供足够的空间去承载现代化的高品质业态;如果走乌镇"全部清空、整体开发"的路子,古镇原有的生活形态又将全部丧失。在探索新场古镇更新的过程中,上海交通大学建筑系王林教授认为,古镇的更新,是产业的更新;古镇的复兴,是文化的复兴;古镇的发展,是与居民共同发展。

"让社会各界都参与进来，寻求城市形态保护与开发、城市文化发展与传承的最佳结合点"，这是上海市规划与国土资源管理局相关负责人的观点，也是被运用到新场古镇更新的核心逻辑。在更新的第一步中，新场提出了"藤—叶—瓜"的更新形态，不一味"守古"，也不全盘"求新"。在这个思路下，清代商贾中西合璧的大宅依旧存在，60%以上的原住民依旧生活于古镇，但那些颇具规模的老宅空间，却被艺术团队打造为示范新旧文化交融、展示古镇文化想象力的载体，让当代文化艺术充分融入古镇，又让古镇反过来"消费"当代生活。由毕业于哈佛大学的设计师岳峰牵头打造的"新场设计闪店"，美国南加州大学建筑学院院长、著名建筑师马清运建起的"桃然新场"等"创意工坊"，与原本就存在的街头摊贩、点心铺、土布店、白铁店等并存，向游人和居民证实，现代商业和古老的生活方式可以在仍然完整的古镇风貌里和谐相处，并激发出彼此的新生机、新魅力。这也预示着，"藤—叶—瓜"的更新形态在新场扎下了根系，并实现了产业与空间的"并蒂"连接。

上海浦东新场古镇

"藤"：道路河流

　　古镇1.47平方公里的核心区域内，老街阡陌交错，河道蜿蜒贯穿。经合理整治，道路河流恢复了原有风貌，成为游客的行走脉络。

"叶"：散点分布的各种业态

　　与周庄、乌镇不同，新场并非户户开店，一条街上相邻的几户人家，有的开店，有的仍是原住民居住。

"瓜"：为未来开发保留的较大空间

　　这种"留白"，是为了在未来，去承载博物馆、秀场、剧院、画廊等适宜需求的高端业态。

　　从"意义"上来说，更新和保护的"手段""过程"，最终服务的，是实现可持续发展。从商业性来看，街道更新是对功能的重新定位和调配，也是对所牵涉的街区居民及物业持有人、更新参与者等多方利益的重新分配。这种复杂性，考验着更新者对分寸的拿捏，而比拿捏更可依赖的，则是政府相关部门以法律法规的方式做出政策条款上的明确，以指导和界定城市更新的参与主体如何去做量体裁衣式的顶层规划和设计。当法规制度替代了个体的"揣摩"和"情怀",那些在现代生活中仍具有积极意义的非物质文化遗产,才可能合理有序地注入到那些被保护或者修复的历史场所中去,并促使这些传统文化在原生态的空间环境,实现适应时代生活需求的再生与活化。

章节总结

城市和街道,从来不是一种"死物",而是自有其生命力和自我意识的生命体。城市更新,应当从对城市文化特性的尊重出发,并关照城市群体的意识追求,每一种面向未来的更新,都不可鲁莽武断地割裂城市与"昨天"的关联,在保护街巷中的古建古木之余,那些人文气、人情味也不可被掩埋,唯有将那些流转于街巷、存在于人心的珍贵情味,完好托付并交接给"明天",城市和街道才能以亲近于人的熟悉眉目、情感蕴藉,让未来的城市居民获得"城市血脉"的认同。

---

[1]《"道路"回归为"街道",城市更新中的"re-"如何定义?》,2019,腾讯企鹅号。
[2] 北京市统计局《促发展补短板 投资建设迈大步——新中国成立70周年北京固定资产投资领域发展综述》。

1.5 景观篇

从景观设计的单一胜利
走向多元都会价值的整体共赢

土耳其诗人纳齐姆·希克梅特曾说：人一生有两样东西不会忘记，母亲的面孔和城市的面孔。但在钢筋混凝土的"裂变复制"下，城市的面孔正愈发趋同。相似性的背后，是城市规划者将景观功能的定义及景观审美的权限拱手让人。对城市的美学与生态负责，城市更新的景观营造，绝不应敷衍为对城市一隅的"微整形"，而是对城市和家国审美意识的唤醒。

1."撞脸"的中国城市景观群像：看够了的"西洋景"

"景观"一词，最早出现在希伯来文本的《圣经》中，是用于对圣城耶路撒冷总体美景的描述。19 世纪初，德国地理学家、地植物学家 Von. Humboldt 提出将景观作为地理学的中心问题，探索由原始自然景观变成人类文化景观的过程，这是人地关系研究思想的雏形。

"景观"在英文中为"landscape"，城市景观（Urban Landscape），是建筑学中一门范围宽泛的综合专业。城市的景观是建筑物外的一切，人工的、自然的，是人们工作和休闲用的空间环境。历史证明，世界上称得起优美的城市，多半是建筑和景观和谐统一、刚柔相济、相辅相成。

美国纽约中央公园

城市景观的含义愈宽广愈丰富，便愈发反证出中国城市景观同质化的尴尬，相似的城市外观掩盖了城市对特性和社群意识的追求，"千城一面"的撞脸，让城市丧失了被分辨、被记忆的差异之美。

这种相似性，一方面是新中国成立初期，受国家制度的决定及苏联老大哥的外来影响，土地所有权和很多建筑的产权都为国家所有，私人意见、民族审美在很长时间内无法参与城市建设，而类似如苏联"赫鲁晓夫楼"一般的"整齐划一"，也造成了城市建筑和界面的单调乏味。

赫鲁晓夫楼

而改革开放后的城市化，照搬了西方的建筑模式和开发风格，对西方的复制照搬、彼此之间的克隆模仿，也让城市更加趋同，在中国土地上的"法式花园""流水别墅""英伦景观"似是而非，既与本土的人居传统有出入，也割裂了中国文化审美的传承。

追随大国复兴与崛起的步伐，以文化自信的力量，让中国城市景观从"单调""同质"的泥沼中抽身而出，是所有城市建设者、设计者、规划者的共同使命。在新旧时代更迭的变革过程中，不被全球化和现代化"乱花迷眼"，让本土积淀公平地参与到与一切外来文化的竞争，则是每座城市重塑自我、改造面目的契机。

2. 上海前滩，不只是"第二个陆家嘴"那么简单

2010 年上海世博会，让世界知道了浦东的后滩，2012 年，前滩成为上海的热词。黄浦江以东、川杨河以南的这一块荒陋之地，承载着政府打造"后世博时代"上海全新的世界级 CBD 的理想，也寄托着上海塑造"3.0 城市模板"的雄心。

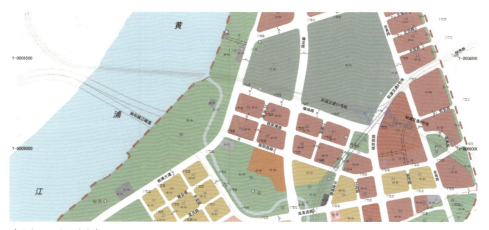

前滩滨江公园规划设计

　　不同于外界的猜想，前滩并不是也不想成为上海的"第二个陆家嘴"。前滩的出现，是一个上海探索新型城市发展模式的讯号，从根据城市发展需求考虑资源配置的既往模式，到根据资源环境条件谋求城市可持续发展的当下主张。这种模式的转变，是城市与生态"图底关系"的逆转，以绿地为底，为城市搭建和提供发展的网络架构。

　　前滩滨江公园，是串联起前滩各功能地块的绿色生命纽带，也是为了实现以最少的土地带动最多资源保护的载体。因而，在前滩滨江公园的规划上，设计者尽可能提升绿地的多功能性，将生态、游憩、文化展示等功能在绿地空间实现垂直叠加，与此同时，这种多功能性也体现于平面的"城"与"绿"、"城"与"水"的交融，进而模糊或打破彼此之间的边界，以公园的开放性，寻求从公园到公共空间的转变与包容。[1]

前滩滨江公园

"绿"，于此是载体，是孕生各类功能体系的"培养皿"和"生长器"，生态则是基底，是与艺术、运动、休闲等不同城市功能产生交叠的"底色"。在完整的绿色生态景观体系下，不同分区的水体、建筑、植被各有功能也各具特色。但在整体上，这些分区存在着一种和谐统一的联动关系，可彼此交融、相互开放，各自的功能与形式被糅合为圆融的每一位进入该空间的参与者公平共有的共享形态和活力空间。

　　作为一个与美国中央公园有"精神渊源"的开放式城市景观空间，前滩之美，没有"欲望都会"的骄盛之气，有的是调和了自然生态与人文主义的亲和雍容。若以俯瞰的视角注视前滩，耸入云天的摩天大楼将不再是视线的唯一焦点，其整体的公园式都会景观，才是引人细细端详的魅力来源。

3. 在扮靓城市之前, 谁能选对"色号"

　　科学研究者称，人们在观察物体时，在最初的 20 秒，80% 的感观来自于色彩。因而，在人们的城市记忆中，在画家和摄影师的画笔和镜头下，不同的城市有不同的色彩。巴黎的天空下，是灰色屋顶和深浅米色系建筑共同营造的优雅。威尼斯的阳光和水面，闪烁着带有暖意的金色。罗马是集蕴深厚历史的庄严红褐，希腊小镇则是飘逸空灵的白。而西方对明清时代的北京，也有类似的色彩记忆，"碧蓝的天空下，金光闪烁的琉璃瓦在普通民居灰青的屋顶上闪烁，乃是世界的奇观"。

罗马的城市颜色

意大利都灵的城市色彩

相比于西方国家或日韩，中国城市发展的色彩纷乱现象更为集中，成因也更复杂。惊人的城市化建设，让中国成为世界上最大的"工地"与"试验场"，新建筑无序而野蛮地快速增长，各类色彩的杂烩乱炖，让多数中国城市的"脸色"显得十分"花哨艳俗"而不协调。甚至在杂乱之外，会因滥用误用而引发色彩污染，如在炎热的海南三亚，将商业广场刷为浓烈的橙色，让"热岛"上的燥热再添烦躁，北京居民区的深红，令对面居民楼老人血压升高。

2000年3月，北京劲松街道的一段"公案"，成为中国探路城市色彩规划的前序。劲松街道居民为改善社区环境，自发捐款粉刷临街楼房的外立面，没承想被刷出的颜色，竟是委托公司总经理本人喜爱的宝石蓝色，在遭到居民强烈反对后的"二稿"，又是与周边环境不搭配且饱和度很高的橘红色。这场纠纷，引发了"北京城需要什么样的色彩"的全城大讨论，随后，北京出台了《北京市建筑物外立面保持整洁管理规定》，启动了城市色彩规划。随后，杭州、盘锦、温州、南京、武汉、哈尔滨、大同、广州、天津等市相继开始进行城市色彩规划的实践。如今，这张名单上的城市成员已超过了100个，有意向和诉求的城市则为数更多，但城市色彩规划的工作难度超出了人们的想象。[2]

这种难度来自于色彩本身的复杂性，光是色相、明度、纯度的体系，其搭配、对比和调和本就有千变万化的可能，同时由于城市发展的快速性，刚刚起步的城市色彩规划，并无经验可以依凭。除此之外，新旧交杂的中国城市，很难用类似西方的"主色调"去定性整个城市。无论是南京的浅绿色，哈尔滨的黄白色系，还是无锡试图表达"太湖感觉"的清新淡雅浅色调，都无法兼收并蓄地归纳城市性格。

就如女性"点绛唇"，城市色彩规划，地域色彩是选择色彩的母本，也是营造协调感的出发点。此外，城市的气候、土壤、植被色彩乃至历史文化，都将是影响选择"唇膏色号"和具体搭配方案的客观元素。因而，对每一座城市而言，其"彩妆方案"，必然是无法套用任何既有案例的个性装扮。2005至2006年，受杭州市规划局的委托，中国美术学院副院长宋建明教授带领他的专业色彩团队走遍杭城，拍摄了近3万张建筑色彩的照片，对西湖周边80平方公里的地域进行了关于杭州建筑色彩的专题研究，找到了属于杭州城市的"水墨淡彩"理想愿景。[3]

属于杭州城市的"水墨淡彩"理想愿景　　杭州西湖

从 2008 年开始，在杭州市规划局的继续推动与组织下，历时两年，杭州完成了《杭州主城区建筑色彩专项规划》和《杭州市城市建筑色彩管理规定》的制定，最终把杭州颜色定格为"一卷江南水墨画"。其中，融合了杭州色彩文脉，由青灰色、灰绿色、绿色等组成，具有水墨江南情调的"和谐色"，成为体现杭州千年古都厚重历史感的"定制"颜色。这种颜色有自然的根基，有历史的熏染，也有时代的涂装，它"得来"得极为复杂，但这种选择本身却很纯粹，它本就存在，只是等着被城市和规划者穿过"浓妆艳抹"的迷障去发现和拾取，而这也是其他的中国城市寻求色彩规划的"殊途同归"。

4. 遍地"垂直绿地"，是否会是未来中国城市景观的增长来源

斯坦法诺·博埃里 (Stefano Boeri)，著名建筑设计所博埃里工作室的负责人，"垂直森林之父"。在建筑师的身份之外，他还拥有策展人、评论家及教育家等多重身份。

作为博埃里最引人关注的作品，意大利米兰地标性建筑"垂直森林"，是世界上第一对绿色公寓、摩天"树塔"。分别高 365 英尺（约 111.25 米）和 260 英尺（约 79.28 米）的姐妹楼，曾被评为"全球最美且最具创新性的高层建筑"。2014 和 2015 年，该项目相继获得了法兰克福"国际高层建筑奖"（IHP）和芝加哥"世界高层都市建筑学会"金奖（CTBUH）。IHP 评委认为，作为"欧洲第一个垂直的森林"，米兰项目代表建筑与自然的共生关系，为其他欧洲城市人口稠密区提供了原型。

意大利米兰的标志性建筑"垂直森林"

米兰"垂直森林"，是民居与植物的结合体，该项目最初的设计灵感来源于一次植树活动，为什么不能将平铺的森林立起来，在寸土寸金的大城市建造一个人与自然共同的家呢？从 2006 年开始设计，到 2014 年 10 月 17 日竣工，项目沿着外墙体和每一层的露台，共种下了 730 棵乔木、5 000 株灌木和 1.1 万株草本植物，这相当于为米兰的都会中心，新增了 1.1 万公顷的绿色植被。

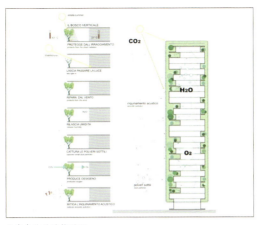

垂直森林的结构原理

而今,这两座"树塔"成为时尚之都的新风景。春天,树木是充满绿意的风景;夏天,繁茂枝叶可以为公寓主人遮挡地中海上空的阳光,用浓荫创造清凉;秋天,不同种类的树木叶子构成了五彩斑斓的秋景;冬天,树木叶子掉光后,也不会影响住户们坐在阳台上晒太阳。除此之外,它们也默默发挥着净化城市空气、增加空气湿度、吸收二氧化碳、吸附灰尘颗粒、降噪造氧等多类生态功能,并成为许多鸟类、昆虫的家园。

作为"垂直森林"系列的全球第三个落地设计,亚洲首座博埃里设计建造的"垂直森林"建筑,于 2016 年"空降"南京国家级江北新区。此项建筑将由 656 英尺(约 200 米)及 354 英尺(约 108 米)的双塔楼组成,外围覆盖至少 1 000 棵树以及约 2 500 棵灌木类植物。"垂直森林"每天可以消化二氧化碳,并释放 132 磅(约 60 千克)的氧气。在设计过程中,博埃里通过对南京当地气候、景观、植被、现场条件等多方面的考察和研究,在南京现有的植物选种中挑选适合 200 米高空生长环境的品种,沿着外立面从裙房顶到大屋面及建筑阳台上,种植乔木、灌木、地被植物等,以此呈现建筑外表面的垂直绿化。[4]

博埃里相信,通过这种城市内垂直致密化造林的新模式,可以在南京江北新区创造一个活的生物多样性系统,丰富江北新区的城市内生态,并以创新的建筑面貌呈现未来的都市生活模式。如其所言,他希望建筑能作为一种机制来平衡人与自然的关系,而作为"垂直森林"的居民或鉴赏者,也将在城市景观从"平面"到"立体"的扩张里,感受到更为丰富的意义。

斯坦法诺·博埃里 (Stefano Boeri)

5. 今日苏杭, 哪个是新加坡"花园城市"的"中国镜像"

1978 年 11 月 5 至 14 日,时任国务院副总理的邓小平应邀访问泰国、马来西亚、新加坡。在这一出访过程中,新加坡被邓小平评价为"令人向往的改革榜样"。在 1992 年的南方谈话中,邓小平再一次提及对新加坡经验的借鉴。正是如此,自 20 世纪 90 年代中期以来,共有 5 万多名中国官员到新加坡考察学习及培训,而两国之间围绕城市规划、公共管理等方面的官方及民间交流更是频繁。

邓小平访问新加坡期间，由李光耀陪同

从 20 世纪 90 年代起启动的"绿色和蓝色规划"，到 21 世纪提出建设"城市中的花园"，人口密度约为上海 1.86 倍的新加坡，以科学高效、生态多样、和谐开放的城市绿地系统，鲜明精致的精品城市单体设计，成就了"花园城市"的全球美誉。处处绿地覆盖、"没有一寸裸土"的新加坡城市景观，更是让中国城市甚为艳羡。

可以说正是新加坡的成功，中国看到了全球化时代的东方城市，要如何重新设计适合自我、具备特色的城市景观。当前，中国已经有 15 个城市获得了"国际花园城市"的称号，其中，早有"人间天堂"之称的苏杭也入列其间。因苏州工业园区的存在，苏州也被国人称之为"最新加坡"的城市。

1994 年，作为中国和新加坡两国政府间最大的合作项目，苏州工业园区应运而生。当年，参与规划的新加坡城市规划师用铅笔手绘了一幅苏州工业园城市规划图。经 20 多年的发展，手绘图正一点点变成现实。昔日的农田犹如一张白纸，为新加坡成熟的城市规划提供了绝不受限的施展空间，"花园城市"的风格与"东方威尼斯"的城市水域相结合，让这里的城市景观比之于新加坡本身，更有"后发"的完善之美。

苏州工业园区

得益于"规划超前"，园区耗资 30 多亿元把 70 平方公里中新合作区整体垫高了几十厘米，完成了"投资者还没进来，就已绿荫成行、道路平坦、所有基础设施全部到位"的设想。吸取新加坡的经验，苏州工业园区针对"工业园区景观系统本就是一个庞大城市系统"的特殊性，对居住、商贸、工业生产、娱乐设施等进行了有机融合，并以市、区、邻里三级公园的配置构成，在点、线、面三个层次，搭建起了规模浩大、类别完整、特色鲜明、服务全民的景观体系，构成了花园式的都会新城。[5]

市级公共绿地

主要是西端文化区内的城市广场和东端城市核心区的城市广场，以及金鸡湖水面和湖畔公园，这是较为集中的城市绿化公园，既可改善城市环境、创造积极健康的活动场所，又可提供优美的城市景观。

区级公园

香樟园、红枫园、白塘公园、沙湖生态公园等，各具特色。

邻里公园

每个邻里小区均设有半径 100 米的邻里公园，服务于整个邻里小区，小区内还根据具体情况再配置组团绿化，为居民生活提供方便优美的室外活动空间，另有包括绿化隔离带、缓冲带等各种绿化设计。

作为城市符号的苏州工业园区

在园区的景观打造过程中，中新双方将绿化用地比例控制在 13% 的合理范围内，并注重景观的实用性和经济性。此外，园区景观将建筑、水体、文化古迹等元素进行了有效整合，赋予景观以内涵，如金鸡湖西畔的"圆融"雕塑，即以中国文化"天圆地方"的哲学思想，象征了中新两国的合作和苏州"融合"发展的城市理念，并以其"古而新"的气质，成为园区内的城市符号。

历时 25 年，如今苏州工业园区的城市绿化覆盖率达到 45%，人均绿地面积 29.1 平方米，自然湿地保护率 52.6%，远超国家生态园林城市指标。[6]

6. 问道都市景观主义, 城市生态空隙修复理当摒弃"裱糊匠思维"

美国纽约市有一个闻名于世的城市更新项目——高线公园（HighLine Park），这是一座由废弃高架货运铁路变身而成的开放公园。作为美国首个废弃高架铁路成功改造的项目，自建成以来，它便成为纽约市炙手可热的"必须参观"的观光休闲景点之一，年均吸引约 700 万人来此漫步、休闲或参观。

美国纽约高线公园

这个项目的设计师，是场域操作 (Field Operations) 景观设计事务所的合伙人兼宾夕法尼亚大学景观系主任詹姆斯·康纳 (James Corner)，景观都市主义的代表性人物之一。在这个特殊的公园中，植物被设定生长于混凝土预制铺地的夹缝之中，而设计者更是将绿化、结构、美学与功能性融为一体。在高楼和公寓之间，高线公园为纽约客提供了一块有着巨大延展性，可容纳各类城市公共活动的开放场地，同时，它也是调和城市街区与自然关系的全新城市基础设施。

高线公园为纽约带来了耳目一新的都会景观体会

由工业时代遗留的废弃高架铁路，华丽转身为"飘浮"在城市空中的花园，原本撕裂的、袒露城市"创伤"的巨大"生态空隙"，被设计师巧妙缝合。高线公园的直接意义，是为纽约带来了耳目一新的都会景观体验。在这里，再也没有园路、广场、绿化的限制，整个公园以完整且自然的方式呈现于地表，示范了工程与生态景观合为一体的可能。此外，它也带动了周边建筑的整治翻新，带动了城市人潮的汇集，为城市更新与街区活化做出了超越外界冀望的贡献。

历时 13 年，长 2.33 公里，离地面约 9 米高，平均宽度 9 米，沿途穿过 22 个街区的高线公园，已经是世界范围内最负盛名的城市更新案例。除却景观层面的意义，高线公园也成为区域发展的催化剂：根据最新数据测算，2007－2027 年间，高线公园将为纽约带来 14 亿美元的税收，并间接带动周边地区共计 50 亿美元的新项目开发。景观设计、生态修复等"应有之义"与商业价值开发、城市文化保护、社会价值挖掘等"衍生命题"，在这一项目上得以统一解决。因此，高线公园的成功，不是景观设计的单一胜利，高线公园之美，也不是"花瓶"式的陈列之美，而是一种融合。作为纽约城市盛景的全新名片、市民公共空间的供应地、文化艺术活动的展览空间、区域发展的强力引擎，每一种"新身份"，都证明了高线公园在不同维度上的突破。

高线公园

　　景观都市主义，以更完整更宏观的视角，重新定义了城市景观的地位与性质：这个主义主张城市是一个完整的生态体系，景观基础设施的建设与完善，是为了让基础设施与城市的社会文化需求相结合，从而让城市更完整更其延伸性。以此"寻法"城市生态空隙的修复方法，则不难理解，每一次城市景观的创建或修复，都是对集体性空间整体性的重塑。若无"局部"服从整体、完善整体的觉悟，"小器"的景观创作都将是"裱糊匠"的缝补，所呈现的都是与整体城市风貌失调的"补丁"。

章节总结

城市景观的形成，是自然环境、人文历史及人为创作的结合。如"世界上没有两片完全相同的树叶"，城市景观也不存在原样克隆的可能。方兴未艾的中国城市景观设计，应正视中国城市自然环境和本土文化的现实，继追随、模仿、借鉴的程序之后，萌生出具有自我特性的意识主张。在城市更新的具体操作中，以景观设计美化都会生态、陈述城市气质、展示本土文化、重塑市民审美，将是城市更新主体助力城市发展、助推时代复兴的使命和责任。

---

[1]《2013 景观设计年鉴》，天津大学出版社，2013 年 7 月。

[2] 秦昭、方春晖：《你的城市是什么色彩？》，《中国国家地理》2014 年第 8 期。

[3]《杭州掌控"城市色彩"》原载于《浙江日报》。

[4] 博埃里事务所官网。

[5] 搜狐焦点产业新区《她才是"最新加坡"的城市 苏州工业园新打开方式》。

[6]《发扬绣花精神 以人的尺度缔造新城理想》原载于《苏州日报》。

1.6文化篇

保留城市的核心记忆，是城市更新中的文化守则

文化是城市和国家的软实力，它是一张名片，也是一种品牌，更是贯穿历史与未来的精神主线。以建设为主旨，城市更新应尽力避免可能存在的，对城市原有文化尤其是标志性文化、独特文化的覆盖或破坏。将尊重文化、保护文化作为城市更新的一条"红线"，更要把这种保护和传承，延伸到对历史文化遗产的保护之外，城市的环境风貌、文化气息、群体记忆，都应给予同等的重视。

1. 从"忒修斯之船"思辨城市更新中的文化传承

忒修斯之船（The Ship of Theseus），是最为古老的思想实验之一。忒修斯是古希腊著名英雄人物，作为雅典王子，他曾被送到克里特岛并深入迷宫杀死了牛头怪物，返回雅典后，他乘坐的船一直被保存着，而保存过程中，每一块朽烂的木板都被新木板替代。以此类推，当所有的木板和部件都被替换后，这艘船是否还是原来的那艘忒修斯之船？后来，哲学家托马斯·霍布斯对此问题进行了延伸，如果用忒修斯之船上取下来的老部件来重新建造一艘新的船，那么两艘船中，哪艘才是真正的忒修斯之船？

忒修斯之船悖论

这一思辨于城市更新同样适用。城市和船体一样，都会面临时间的"锈蚀"，每一次全新的创建即是对旧"木板"的一次替换，当顶着同一个名字的城市完成了整体的"改头换面"，这座城市是否还是原来的那座城市？

跨过时间的河流，城市用其经历给出了比哲学话题更明确的答案。越2500年历史而来，罗马依旧是被当今世界铭记的"永恒之城"。从长安到西安，名有更替，但在中国人的心间，这座城依旧有着令人心颤的历史意蕴。这种无法被时间"风化"，

被新"面貌"掩埋的熟悉感、认同感，绝不只是来自于保留至今的古建，更重要的是文化的神魂，依旧存在于城市的"新躯体"。

古罗马城复原图

长安古城复原图

如习近平主席 2018 年 10 月 24 日在广州市荔湾区西关历史文化街区考察期间所强调，"城市文明的传承和根脉延续十分重要，传统和现代要融合发展，让城市留下记忆，让人们记住乡愁"。城市更新对文化传承的重视，落点在对文物古建等进行排查和保护，但不意味着要做"原教旨"的"死守"。在合理的前提下，只有通过对传统文化的挖掘和再利用，才能真正让传统在新的时代扎下根系，长久而鲜活地"活"下去。哲学家对"忒修斯的船"这个身份更替悖论的辩证，它所讨论的是"局部与整体"，也是"物质与精神"的关系，而"身份"的真正认同，或许取决于人类心智对"精神特质"的确认。

2. 无法"复建"的城市记忆，凸显文化代际传承的危机

在"中国十大最美火车站"的名单中，始建于 1900 年的青岛火车站占有一席之地。其实，若无一出"拆除与复建"的闹剧，这个榜单，山东本有机会独占两个名额。1992 年 3 月，在一片反对声中，济南老火车站的拆除方案被敲定。7 月 1 日 8 时 5 分，从 1908 年开始转动的机械钟停止转动，曾被战后联邦德国出版的《远东旅行》列为"到远东最值得看的第一站"的济南火车站老站正式开始被拆除。经半年拆除工作后，在老火车站原址上，建立起了一座特色不彰的新济南站。

已不复存在的济南火车站　　　　　　　　在老火车站原址上建起的新济南站

济南老火车站由德国建筑大师赫尔曼·菲舍尔（Hermann Fischer）设计，始建于 1908 年，于 1912 年建成并投入使用。它是一座典型的德式车站，有着德式建筑匀称、协调的沉实风格。除建筑本身的价值之外，见证了清政府灭亡到民国转变、记录了抗日战争至新中国成立这一段历史的济南老火车站，具有厚重的历史意义。无论如何看待，这一次拆除都十分令人不解。

昔年叹息，犹在耳畔，但一声惊雷，却在 21 年后震动四方。2013 年 8 月 1 日，一则看似普通的公告让济南陷入舆论的旋涡。官方介绍，将投资 15 亿元修建济南火车站北广场。这个"修建"，其实就是复建被拆除的济南老火车站。一拆一建之间，掀起了反对和质疑的声浪。对此，济南市规划局总规划师解释："带有哥特式、折中主义建筑风格的济南老火车站，令济南市难以忘怀。特别是近几年，济南市部分人大代表、政协委员及很多市民多次提出，在新建的北广场站一体化工程中，要体现当年济南老火车站的部分风貌。这不仅是济南市的一个文化符号，也是济南市民的一个情结。"[1]

济南老火车站复建的相关信息，多次被网络和媒体报道引用，并引起了广泛的社会关注与巨大反响。2014 年 11 月，济南建设部门在广泛听取社会各界意见，并向相关专家进行了多次的咨询论证后，济南市决定暂缓进行老火车站复建工作。这座火车站的"拆除"与"复建"的故事，是近 30 年来中国城市化建设大潮当中的浪花一朵，却也极具典型意义。很长一段时间内，城市工地上的轰鸣，往往意味着负载着数代人城市记忆的城市文化地标或重要建筑轰然倒地，随之在原有的土地上，长出了新的建筑。这种改变，在变革城市面貌的同时，也让精神家园的面目变得模糊，那些顽固存在于某一代人、数代人记忆中的生动城市文化，被压缩为平面的照片或寥寥的文字，城市记忆的断层，成为城市文化传承最大的危机。

就像济南市民对"复建"的态度，没有历史建筑的岁月痕迹，再精确的复建，都不过是"赝品"。一旦缺乏了集体认同和"情感投注"，无论是车站还是别的建筑甚至是城市本身，其文化的凝聚力即会迅速消散。以前车为鉴，城市更新，在改变城市空间和物质形态、功能及形象定位的同时，也应当以文化为导向，通过对城市历史文化的保护与传承创新，重新调制出"黏合"城市居民内心认同的"情感胶水"，让城市文化的碎片、时代文化及精神的新元素再度组合，以传统构建新的传统，以此实现传统城市文化的代代传承。

3. "老厂房"也有"第二春"：北京798，成为全球的1/22

几十年前，中国工业化的发展，让一大批工业厂区在城市拔地而起。在当时城市土地资源丰富的状况下，这些占地面积庞大的工业厂区，占据了大量城市较为核心的土地资源。随着时代潮流的发展、中国城市化进程的推进和环保意识的苏醒提升，这些工业厂区逐渐被搬离城市，而遗留下的大量厂房空间成为城市的优质存量资产，也是各大城市更新主体青睐有加、竞相争夺的对象，因区位优越、空间巨大，且拥有附留于空间之内，充满年代感和城市记忆的工业历史文化气息，该类厂房厂区天然就是适合被改造为文创园、艺术园的高产土壤。

废弃的遗留厂房

北京 798 艺术区，原为国有 798 电子工业老厂区所在地，如今已经成为北京都市文化新地标，以当代艺术与"798 生活方式"而闻名于世。2003 年，该艺术区入选《时代》周刊"全球最有文化标志性"的 22 个城市艺术中心榜单，艺术家如刘索拉、洪晃、李宗盛、李象群等均于此扎堆。

北京 798 艺术区

谈及 798，其历史须从新中国工业化开始，其所在地是新中国"一五"期间建设的 718 联合厂，由周恩来总理亲自批准，王铮部长指挥筹建，苏联、民主德国援助建立起来的。718 厂曾有过两次大的调整，1964 年分为 718、798、706、707 等六个厂，2000 年，其中五家工厂和 700 厂重组，成立七星集团，也就是 798 目前的物业方。由于产业规划调整，七星集团将部分产业迁出大院，生产缩减，大量厂房开始闲置、出租，成了工厂"自身造血"的出路。

从 2001 年开始，来自北京周边和北京以外的艺术家开始集聚 798 厂，他们以艺术家独有的眼光，发现了此处对从事艺术工作的独特优势。昔日，援建方民主德国按照当时新兴的包豪斯风格，以德式的严谨与细致，实现了实用、简洁、完美的结合，而岁月的洗礼与沉淀，更是让老旧厂房具备了一种迥异时代的沧桑之美。艺术家们充分利用原有厂房的风格，稍作装修和修饰，即可将其"变形"为富有特色的艺术展示和创作空间。

北京 798 文创园区里的建筑更新

同年 10 月 12 日，近千名观众走进 798，观看北京东京艺术工程开幕展"北京浮世绘"。2003 年，黄锐、徐勇等艺术家发起"再造 798"活动。2004 年，黄锐发起"大山子艺术节"，参观者达十几万人次，德国总理施罗德、法国文化部长德法贝、欧盟主席罗佐、影星苏菲·玛索等名流纷纷造访。2006 年，798 成为"北京市六大文化创意产业基地之一"，北京市政府在官方层面正式承认了 798 的地位。至 2008 年，798 与长城、故宫等一并成为奥运接待场地。名扬海外的 798，甚至成为国际社会观看中国改革开放发展成果的一个窗口。

回望 798 艺术区的发展之路，可以看到，这是后工业时代"工业遗产"向文创产业区转型的典型。某种意义上讲，正是拍摄了《胡同 101 像》的徐勇等大批艺术家的聚集，以艺术手段改变了 798 作为工业遗存的衰败命运，并让 798 成为出乎政府意料的文化资源。随后，在一众艺术家及社会各界的参与和推动下，经由当代艺术、建筑空间、文化产业与历史文脉及城市生活环境的有机结合，798 已经演化为一个文化概念。至 2018 年 11 月，798 艺术区内有文化艺术类机构 285 家，创意设计类 113 家、旅游服务类 117 家，文化创意类占比七成以上，一年举办超过一千场艺术展览，年吸引游客超500 万。这种成功，让 798 成为在现实与艺术文化之间真实存在的"乌托邦"。[2]

有数据显示，过去 20 年间，中国已完成的旧工业地段更新项目超过了 300 个，而在这些更新改造项目中，文创产业集聚区占有超过 23% 的比例。以文化艺术"干预"甚至挽救工业遗存的命运，类似如北京 798、上海 M50 等更新案例，雄辩地向众人述说了看似绵软的"文艺"究竟有怎样坚硬的力量，它可以带动城市文化的复兴，重塑城市的形象，并产生可观的经济效益。[3]

798 艺术区的建筑内部，依旧可见历史岁月的斑驳

4．四十余年、四步走，成都跃升"创意文化之都"的路径回顾

成都，是国务院于 1982 年公布的首批国家历史文化名城之一，也是三千多年来，中国西南地区最重要的城市之一。历史上，成都的地区文化艺术十分发达和兴盛，李白、杜甫、王勃等诗家都曾居住或游历于此，并留下了许多的诗篇和古迹。中国的第一副春联、第一部词集《花间集》、世界上最早的纸币"交子"等，都在此诞生或发行。

聚南北文化，蓄古今精华，或许正是因为成都地处四川盆地，"蜀道难"的隔绝反而愈发地激发了这座城市兼容并包、渴求开放的文化特色。历史上，川蜀文化积极与中原、秦陇、荆楚等文化，甚至远在千里之外的西域文化交流互融。加之历史上四川对外来移民的多次接纳，今日的川蜀文化，以包容性、吸附性、厚重性、多元性著称全国。此外，传统工商业的发达，也让成都成为西南繁华都市的代表，"扬一益二"的赞誉即表明，当时的成都，不仅是巴蜀地区的经济文化中心，也是历代大一统王朝政权下最重要的城池。长期的安定、闲适以及经济的发达，也孕育出了成都市井文化的吸引力。相比古代"少不入川"的劝解，今日的成都，以"来了就不想离开"的文艺城市风华，征服了越来越多的人。

今日，成都的城市文化不仅是黏附游客的引力，也成为当代成都推进城市发展与进步的重要途径。将历史上开放包容的文化特征，与传统工商业兴盛时期的市场活力以及当代运营文化的产业意识熔铸一体，成都迈向了晋升创意城市的历程，这段路可概括为四个步骤。

Step 1 乡野萌芽

现代成都创意文化的萌芽出现于改革开放初期。当时，以"伤痕美术""乡土绘画"为主题特色的四川画派在国内艺术界受到瞩目，罗中立、何多苓、周春芽等知名艺术家，出于便于交流和创作的目的，开始向租金相对低廉，空间更为宽敞的郊区开辟工作室场地。2003 年 8 月，在短暂租用成都市机场路附近的厂房后，他们在成都市城郊乡村找到一片闲置厂房，并将其改造成为创作工坊，因工坊所在片区有大片蓝色铁皮屋顶，于是，一个名为"蓝顶"的市郊艺术文化区成型。随着"蓝顶"艺术区组织开展的艺术活动越来越多，媒体和大众也将目光投到此处。在"蓝顶"的带动下，更多类似的艺术区也开始渐渐出现。

成都蓝顶艺术区

Step2 市井浸入

在市郊艺术文化区自发成型的同时，成都中心城区也开启并引领了富有市井气息的文化创意萌芽。一方面，成都闲适自由的市井文化氛围，吸引了现代艺术家们来此定居。另一方面，这些艺术家的创作，也因此带上了成都市井文化的色彩和印迹。如居住在玉林片区的艺术家张晓刚在 1997 年创立的"小酒馆"，成为艺术家扎堆聚会的场所，自开业后，"小酒馆"逐渐成为成都摇滚原创音乐的大本营。活跃在此的成都草根音乐艺术家，成为成都音乐文化积淀的来源，也造就了如《超级女声》等选秀节目中成都赛区选手的突出表现。再如，"蓝顶"艺术家阵营中的建筑师刘家琨，通过 2001 年对"红色年代"酒吧的改造设计，以"既要现代，又要中国"的设计理念，让普通民众直观感受到了创意建筑设计，拓展了文化创意在市民群体当中的影响力。

创立于 1997 年的成都小酒馆，是成都音乐界的文化地标

Step 3 产业推进

"红色年代"酒吧设计，让商业资本看到了文化创意产业所蕴藏的巨大商机。在 21 世纪，成都文创产业开始从艺术家的圈子走向社会层面，商业资本和政府政策的倾斜，为文创产业的发展带来了全新的发展机遇。2007 年，成都获批"全国统筹城乡改革试验区"，以双流县新兴镇政府为代表的基层政府，大力推行支持文创产业的发展政策，并在第一时间提出可为艺术家们租用集体土地建设工作室和办理有关手续，并在后续进一步协助办理集体产权证和土地证。这种在全国范围内堪称超前的政策尝试，成为其他城市郊区艺术区破解产权难题的参照思路。在城市中心区域，文创产业也被成都视作推动旧城改造的良方而大力推广，引入商业资本、融入文化创意的改造思路，带动了 2007 年"红星路 35 号"这个中国西部首个文创产业聚集园区、2008 年宽窄巷子更新工程等大批量城市旧改更新项目的实施。

成都宽窄巷子

Step 4 政府主导

伴随着一大批基于文化创意的旧城改造项目取得良好的经济和社会效益，文创产业开始被视为推动未来成都发展的重要战略之一。在整体城市空间规划中，文创产业布局也被纳入城市战略功能区的定位当中，成都市相继颁布了一系列促进文创产业发展的政策和规划，并在空间与产业层面提出结构性的升级和发展建议。在此期间，2011 年的"东郊记忆"、2014 年的"明堂青少年文化创意中心"、2015 年的"西村大院"等代表性项目，构成了以文创产业和现代服务业为主要功能的产业集群。与此同时，成都市政府也积极从市级层面来主导开展一系列文创产业的相关活动。2015 年，原本两年一度的成都"创意设计周"改为一年一度，成都市委、市政府直接成为该活动的主办指导方。

成都"东郊记忆"将从前的"音乐产业聚集园和音乐文化体验园"定位，调整为"一基地、多名片"，成为集合音乐、美术、戏剧、摄影等文化形态的多元文化园区和对接现代化、国际化的成都文化创意产业高地

2010 年，成都获准加入联合国创意城市网络，并摘得亚洲首个"美食之都"称号，这标志着成都文创产业的影响力初步获得了国际认可。"创意之都"的荣耀，离不开成都历史人文传统的浸润，离不开艺术家的自发推动，更离不开政府的主导引领。在这个过程中，成都市政府不仅专门设立了"成都市文化产业发展办公室"的市级机构，更在政策层面对机构责任进行了明确，并搭建起了融资保障机制、产业融合机制，完成了城市形象的打造和传播，构建起了相互关联与促进的产业结构。因而，成都在文创道路上的胜利，并非来源于某一个群体的单独努力，更是一座城市全体成员的同心合力。

5.互联网+传统文化，另辟文化传承与保护新渠道

曾几何时，互联网的兴起让不少人忧心忡忡，认为互联网和电子产品的流行，将对本土文化和传统文化形成毁灭性的冲击。但更多人坚持认为，互联网本身是一种技术，它对于传统文化的传承保护并无主观上的倾向，是冲击还是光大，关键在于运用工具的人。在 21 世纪已经过去五分之一的今天，我们欣喜地发现，事实的发展已经成为第二种观点的有力证明。

2014 年 7 月，淘宝网的众筹板块，一个另类的众筹项目火极一时。该项目发起人的身份有一些特殊，是看上去与互联网很远的组织和人：安徽省绩溪县仁里村村委会和村里的百岁老人。"万人众筹，重建中国最美古村落"的项目主题，点明了本次众筹的目的，参与众筹的支持者，可在 10 元、29 元、49 元到 59 999 元的 10 个不同价格里选择各自的支持金额。仅一个月，原定 5 万元的众筹目标，达成度达到 1 177%，16 162 名支持者带来了高达 588 623 元的资金。在这批资金的支持下，地处皖南山区，且青壮年大多常年在外务工的仁里村，对村中面临消防隐患和自然侵蚀甚至有倒塌之忧的重点古建筑进行了维修和改造，包括仁里私塾、胡雪岩孙女故居等 18 处古建的修缮工作，以及 4 栋民宅中空置的 28 间屋子的乡村客栈改造，均在 2016 年 4 月前完工。以互联网为平台，带动社会力量和资金参与古建保护，仁里村书记高建义表示，这是"没能料到"的事情。

仁里村改造前

仁里村改造后

相比通过互联网，以出钱、出力、出智的方式参与古建保护，互联网作为一种全新的数字化、交互性、开放性、多元性的媒介渠道，更可借助其及时性的传播速度、跨越时空的传播方式和受众群体覆盖上的优势，让传统文化从各自小圈子的苦心坚持，走向全球化的大众关注。同时，也是互联网，让伴随着智能手机、平板电脑等成长起来的"95"后、"00"后人群，改变了"传统文化过时老掉牙""古典的东西枯燥不想看"的习惯。

在 2019 年 5 月 21 日举办的"传统文化短视频的传播及其创新意义高端论坛"上，《抖擞传统：短视频与传统文化研究报告》，重点剖析了 2018 年里以抖音为代表的短视频，在传统文化传承和再创作上的积极意义。在这一年里，书画、传统工艺、戏曲、武术、民乐夺取了播放量最高的传统文化类别的前 5 名，让传统文化视频成为 2018 年的现象级传播热点。其中，抖音所开发的"京剧变脸"玩法，参与用户多达 18 万，相关视频播放量更是突破 12 亿次。抖音等短视频类的新兴媒介平台，以影像叙事的方式和娱乐化的特征，改变了传统文化传播传承过于厚重、严肃、狭窄的现实，让原本存留于博物馆、文献典籍里面和手艺人身上，远离现代生活甚至接近被遗忘的传统文化，成为上百万甚至上亿人可以观赏、参与、传播、学习的内容。[4]

以互联网为翅翼，传统文化走出了传承生存的困境，再一次拥有了伴飞时代的超能力。在这个受众时间越发碎片化的时代，这些通过内容与形式的创新，在互联网上"活起来"的传统文化，不仅拥有了更多的受众、更多的传播者、更高的关注度、更丰富的趣味性，也具备了更强悍的生存和发展能力。类似如木板年画、高密剪纸和地方小戏种等濒临断代的传统文化形式，都开始了"复活"与复兴。这每一个案例都在证明，传统文化与互联网技术并不在水火不容的两端，新与旧的融合共生，本就是文化向前发展的进化。

章节总结

一座城市，仅有现代的建筑和资源，远远称不上富足。保留一个区域的文化精髓和城市记忆，让城市的精神财富代代相传，是每一代城市建设者都必须背负的使命，也是城市更新参与者须史不可背离的守则。时代向前发展，对文化投以的珍重目光，绝不可被视为"守旧"的敝帚自珍。同时更需我们深思审慎的，是让更为先进的技术、观念、建设方法，具备同样温和醇厚的人文精神。我们甚至可以相信，传统文化真正需要的，并不是成为被膜拜珍藏的"标本"，而是以合乎时代的方式方法，让那些传统文化重新进入时代，并生长出深入"大地"的根系。

---

[1]《济南老火车站：决绝拆除与草率复建》，《三联生活周刊》，2013 年第 36 期。

[2] 数据由 798 物业方七星集团，向《新京报》提供载于《798：一座文化地标的兴起与变迁》。

[3] 刘力、徐蕾、刘静雅：《国内旧工业地段更新已实施案例的统计与分析》。

[4]《抖音＋传统文化＝？？？》，广东省情调研网易号，2019。

1.7商业篇

从空间和商业模式追溯城市更新中的商业问题

商业是商品的流通，更是对人类需求的供给。城市更新之于商业类的存量也具有巨大的影响，这种影响不仅是空间上的重新选址、建筑上的重新规划，更在于其业态的重新定位、模式的重新磨合。这意味着，在摸排更新区域自身的禀赋之外，卓绝的商业洞察力和专业度，将成为更新项目商业获取成功的先决条件。而更新商业的空间设计和模式形态，则是"剧透"更新者此方面能力几何的斑孔。

1. 每个城市都有一条被义乌小商品"攻陷"的商业街

北京的南锣鼓巷、上海的南京东路、杭州的河坊街、南京的夫子庙，几乎每个城市都有那么一条高度同质化的主题商业街。

景区变身"购物中心"，已然令游客十分厌烦，而千篇一律的业态、极为相似的布局和氛围、遍地同质化的纪念品，这种情况甚至已经蔓延到了国外。

上海南京东路

"模板"化的景区商业，是一记耳光响亮的"打脸"，原本是为了打破商业同质化，以地域风情、民俗文化为差异化卖点的主题街区，为何走向了初衷的对立面？模式的泛滥，指证的是商业规划者、运营者在思维上的犯懒。当商业核心策略变得离散，"参照"甚至"复刻"的空间设计、加盟品牌、服务供应、布局陈列等将极大扼杀商业的活力。至于景区，更将成为被本地人称之为"那是给外地人逛的"鸡肋式存在。

从城市更新的角度来说，这一类对城市历史风貌街区的改造升级，多是以旅游为驱动，对游客具有高度的"赖药性"。因而，此类的改造更新，往往会造成改造项目与本地生活的脱节，这里既不是本地人可以延续以往日常生活的怀旧场所，也不是时下年轻人愿意参与、乐于体验的特色街区。"一次性旅游消费"往往是这类更新项目的核心商业业态，低成本、高投机性、利润最大化，界面的相似、体验的单一，带来的也只能是"一次性的客流"。从长远来看，这种同质化必然会让改造或"生造"出的商业，被市场和游人所嫌弃。最终被寄予厚望的"更新"，也将再次回落至落后于城市发展水平的"低谷"状态。

2.《清明上河图》凭什么被称为繁盛宋代的经济剖面

宽 24.8 厘米，长 528.7 厘米，绢本设色，全卷可分为三个段落，堪称"巨幅"的《清明上河图》之所以能成为中国十大传世名画，不仅仅是因为它的艺术成就。以散点透视的构图手法，将汴河两岸的繁忙景象、汴京市区的繁华街景纳入富于变化的画面，除宫室楼台、城郭街道、桥梁市肆、舟车驼马之外，全图共出现了将近 1 000 个"豆人"。他们个头虽小，但作者张择端却将每个人都进行了出色的刻画，他们在各自的场景中，构成了戏剧张力十足、节奏韵律变化流畅有趣的"汴京生活图鉴"。

张择端的《清明上河图》，全图共出现了将近 1 000 个"豆人"

一对小夫妻在买花，其亲昵举止让路过一旁的轿夫浑然忘了两条腿要如何迈步

若观众眼光更毒辣，更可以在通幅比照里，看到不同行业、不同商店各自的商业模式。同样是住宿业，"十千脚店"是供人短暂小憩的小客店，"正店"可就是类似今天"星级酒店"的存在。据研究，二者的不同，还体现在他们酒水进货渠道的差异上，正店可以从官府处购买酒曲酿酒，但脚店只能从正店去零买批发。在医疗机构上，"专科"的概念也十分深入人心，"赵太丞家"医铺的招牌上写着专治肠胃病。

供人短暂小憩的十千脚店

街边的饮料店

"赵太丞家"医铺

最为有趣的则是这一幅画里，出现了古老算命行业的三种商业模式，他们等级各异，各有各的核心用户。"解"字的招牌下，文人模样的解字先生手摇蒲扇，神态颇为风雅。作为行业里的高级人士，他所服务的对象是在面前排队的来京参加科举的学子，甚至有可能，他便是某位卖官鬻爵的主考官的"民间代理人"。次之，"决疑、看命、神课"的招牌下，略显落魄的算命先生，对应的是衣着普通的市民大众。最后，则是扛着写有"占卜"布幡，没有门面，只能走街串巷的"江湖草根"，也是自古至今都很标准的"骗子"形象。[1]

古老算命行业的解字先生

走街串巷的"江湖草根"

略显落魄的算命先生

虽有"戏说"的戏谑，但经典自有其丰富的意涵，经得起不同视角的解读。通过《清明上河图》，后人可以清晰看见北宋晚期汴京城的空前繁盛，也能据此推敲出一些被严肃历史所忽略的城市商业经济的细节。即便到了今日，这种商业业态的丰富性、差异化，仍值得城市规划者、建设者、更新者和商业经营者予以借鉴、保持警醒。

3. 透过"网红洗手间"，看当代商业空间设计的社交思维

就人类重视私密的本能，再加上东方人一贯的含蓄性格，洗手间这种存在，在社交话题上，即便不会讳莫如深，也必然不会被大张旗鼓地谈及。但无论是在 Instagram、微博还是朋友圈，有一类"网红洗手间"，却成为被"打卡"的圣地。

泰国曼谷的 Terminal 21 Shopping Mall

Terminal 21 ShoppingMall，是一家位于泰国曼谷的创意主题商场，整个商场以机场航站楼为主题特征，共有加勒比海岸、罗马、巴黎、东京、伦敦、圣佛朗西斯科、唐人街等 9 个根据各国航站和城市文化特色而打造的主题区。之所以能征服各国游客，商场的人性化服务可称"首功"：每层都设有银行兑换窗口换泰铢；M 层服务台不仅可提供服务指引，还可凭护照申请免费 Wi-Fi、游客折扣卡，也能免费租借轮椅、婴儿车；根据楼层主题设计的洗手间，不仅干净舒适，更将"逛商场就是环游世界"的异国风情，贯彻到了极致。

楼层	楼层主题
LG	Caribbean 加勒比海
G	Rome 罗马
M	Paris 巴黎
1	Tokyo 东京
2	London 伦敦
3	Istanbul 伊斯坦布尔
4	San Francisco(City) 圣佛朗西斯科城市
5	San Francisco(Pier) 圣佛朗西斯科码头
6	LOS ANGELLES 洛杉矶

曼谷 Terminal 21 各楼层主题一览

伦敦风格　　　　　　　伊斯坦布尔风格　　　　　　圣佛朗西斯科风格

加勒比海风格　　　　　　　罗马风格　　　　　　　　东京风格

　　而在国内，成都银泰 IN99 购物中心 5 楼的洗手间，也以宛如沉浸式艺术展的极简与科技感，成为川妹儿和游客"PO 照"的片场。此外，杭州大厦 501 城市广场的 CHANEL 风洗手间、上海"人间"系列餐厅"穹六"的"镜面迷宫"洗手间及"萤七"的"机关重重"洗手间、荣新馆的东瀛日系洗手间等，不只有各类或华美或景致的"吸睛"主题设计，也将服务配备上升到了新的高度。如荣新馆洗手间，为爱美的女孩子准备了超大的落地镜和梳妆台、梳子、皮筋、发箍等小物件，甚至将戴森吹风机用于给小朋友吹干洗手沾湿的衣袖；蟹家大院的洗手间地暖入室，梳妆台上常备有葡萄籽喷雾和大牌护手霜。

国内的网红洗手间

　　当服务做到极致，"体验营销"与"社交思维"便成为传统商业引流客群的利器。相比于被客户点赞的用心和贴心实用的功能，"好看""有趣""新奇"等附加标签，更是让这些"网红洗手间"被人群"关注"甚至"记住"。在网络社交时代，用户在社交媒体上的自主分享、群体传播，也为"网红洗手间"背后的商家与大众搭建起了连接的纽带。"视觉吸引"+"体验强化"，可牢固地占据人们的"情节记忆"，这种已经得到实证的观念，也将广泛应用在越来越多的商业空间设计及服务主张上。

4. "贩卖虚无"与"以需为商"：读懂阿那亚"场所与内容" 商业模式的资鉴意义

阿那亚，位于河北秦皇岛昌黎县海岸线旁，中国文旅地产的神盘之一，有破而后立的曲折故事，有 48 个社群的"营销"传奇。

阿那亚文创街区

2013 年，原持有者亿城集团因销售不佳，以 2.6 亿的价格将其抛售。随后，马寅接盘成为项目创始人，田海成也随之进驻，担任阿那亚首席品牌官。二人搭档合作下，阿那亚开始"复活"，原本无人问津的产品开始变得抢手，产品单价也上涨到比秦皇岛同类型产品高出一倍。2017 年，阿那亚销售额达 30 亿元。

北戴河边，阿那亚海边教堂

与京津距离超过 200 公里，占地 330 亩的自然资源型大盘，从荒凉无人问津到轰动中国的逆袭，离不开这一对搭档的协力合作。在接手项目一年后首批次交房时，他们策划了服务新业主的新机制，马寅亲自建了第一个业主群，在业主群内担任服务全体业主的"村长"一职，并发起和制定了"5 分钟内回答，30 分钟内出解决方案"的准则。以这个善意温情的业主群为雏形，阿那亚开始了营造社群的节奏，最终借此孵化出了 70 多个基于兴趣爱好的业主群，将业主拉入了阿那亚的人际关系。

阿那亚的社群营造

阿那亚的地标"孤独图书馆"

在探索社区自治，重构社区社会生态的道路上，一纸《阿那亚业主公约》的制定，掀起了阿那亚"氛围与归属"的变革。公平公正且善意的社群社区氛围，以强烈的价值归属感带动了业主成为"项目合伙人"的热情，而阿那亚的销售业绩，有高达 92% 来自于"老带新"。

对业主精神和心灵的关注，同样也反映在阿那亚深具文艺之美的配套之上。海边居民音乐厅、日出美术馆、阿那亚礼堂，还有最为知名的全网点击量达 5.6 亿人次的孤独图书馆，这些带阿那亚精神特质的"地标"，组成了阿那亚的气质矩阵。对"美"与"孤独"的洞察及实践，打动了"既坚硬又柔软"的现代人，让阿那亚拥有了一种有别"流量喧哗"的真人气爆棚。

在激发认同、归拢人气之外，阿那亚在完成从"留心"到"留人"的思考上，也有很多特别的思考。产品运营理念中的"好玩"二字便是答案。这里有可能是全中国最好的儿童营地，也有适合成年人的全年不断的艺术演出及可带动业主参与的戏剧节等活动。对业主复杂需求的及时响应和满足，让业主与项目产生生活、思想、情感上的紧密连接，这或是阿那亚模式的真正内核。

阿那亚戏剧节上的《雷雨》

抛开情怀，回到商业，阿那亚的"转手"更像是一场"转型"。而这种转变，是其操盘者以"服务意识"取代"建筑售卖"的过程：阿那亚所售卖的，并不是"房子"这个直接商品，而是"场所"和"内容"的营造，供应了从基础生活到精神需求的"一揽子生活方式和内容"。在这里，业主所获得的是符合人性需要的建筑，以及建筑之上超越功能之外的情感体验和精神共鸣。因"温度"而集聚于此的人群，他们也于彼此自然、亲切的相处状态里，一定程度上得偿了"人生可以更美"的夙愿。

阿那亚音乐节　　　　　　　　　　　　　　　阿那亚免费开放的儿童公共活动

5. 在夹缝里求生存的特色小店, 可能是未来的"百年老店"

在世界百年老店的全球分布上，日本以拥有 21 666 家百年老店、3 146 家历史超过 200 年的商家，7 家延续千年"高寿"的企业，引得世界啧啧称奇。德国、荷兰、法国分别以 837 家、222 家、196 家位列其后，而中国，上榜企业却是个位数。

企业经营百年已实属不易，寿延千载则更是奇迹，尤其对于小商家来说，任何外部环境的变化，都可能是一阵摧枝打叶的风霜雪雨。2019 年初，一则《抢救上海小店》的帖子在网络上广为流传，作者从威海路一家小店因房租上涨而闭店，谈及了对上海特色小店现实处境的忧虑和思考。经营成本越来越高、市场竞争越来越烈，再加上城市建设更新所带来的冲击、大型购物中心遍地开花而导致的生存空间收窄，这些承载着上海人记忆的店家因此遭遇了前所未有的生存危机。

根据上海市商务委商贸处负责人介绍，截至 2019 年，上海约有 47.5 万家商业网点，90% 为小网点。这其中，分布在上海市 67 条特色商业街区和 64 条永不拓宽的马路上的小店，约有 9 400 多家。这些大多数经营时间超过了 10 年、20 年的小店，早已融入了上海当地人的生活，既是与上海民生、海派风情息息相关的城市构成，也是最可能成为中国未来"百年老店"的胚子。对于这些特色小店的生与死，无论是民间呼声还是政府意见都比较统一：作为国际化大都会的上海，我们需要世界五百强，但不能单纯以市场逻辑，任这些老街小店自生自灭。

创立于 1886 年的米久本店

创立于 1832 年的伊藤久右卫门

创立于 1915 年的浅草大多福

　　中国特色小店的生存困境，一定程度上也与讲求大开大合、大破大立的城市建设思路有不可分割的联系。除大面积的拆迁外，在商业配套上，惯于"一站式解决"的综合型商业配套也极大地吞噬了原本属于特色小店的生存空间，并以其相对固定的业态叠加组合的同质化，排挤了小店的差异化。在当下和未来，中国的城建及商业的规划者们，是否能给予这些未来的"百年老店"多一点耐心和退让之心？毕竟在"百年老店"的榜单当中，我们未曾吝于对日本表达"羡鱼之情"，那么此刻，我们应该诚恳兑现的，是一点可以付诸现实的"结网之意"。

章节总结

　　除了城市更新者自身的商业利益外，如何保留和激发城市的整体商业活力及潜能，正成为许多中国城市更新者自觉思考的难点和勇于承担的责任。在政府的引导下，城市更新主体也须在提供资金支持和空间重置的基础上，以更具创意的商业空间设计、更具针对性的精准市场策略、更具洞察力的商业模式架构，去确保被更新后的商业组织的"存活率"和成长性。在此过程中，政府、地产商等参与方也必须以更为开放的心态和眼光，去考量如何才能实现城市、区域、政府、更新参与者、市民、消费者等多群体的长效共赢。

---

[1]《清明上河图该看什么？考生热衷算命 已有外卖服务》，《法制晚报》，2015。
　　《清明上河图里的商业模式让人震惊》，2016-10-26，跨城生态圈刘焱飞

1.8村落篇

对村落的关注就是对数亿人命运的重视

　　城市更新、乡村振兴，成为当前中国城乡建设的两大重点。大量存在的"城中村"和没落的自然村镇，亟待国家和有社会责任意识的城市更新主体去改造和拯救。无论是"城中村"还是真正的农村，现象的背后，都有更复杂的社会成因：工业化、城市化、户籍管理制度、土地制度、产权界定，这是一道不可能一拆了之、一建了事的社会难题。根本上说，村落在这个时代的涅槃重生，即是乡土之上数亿人"命运线"的改变。

1. 那些身价过千万的"老广"与杨箕村1 500桌回迁宴

　　2007年，猎德成为"广州旧改第一村"，借着珠江新城的东风，猎德村民获得了一夜暴富的集体标签。2016年，杨箕村1 496栋拆迁户村民为庆祝回迁，摆下了1 500桌宴席。而作为广州最贵城中村，坐落珠江新城CBD的冼村，更是创出了最多分十几套房、身价过亿的"村民"。这一类与拆迁有关的新闻，几乎伴随着每一次大型城中村的拆改更新而出现，除了吸引眼球的财富数字，这些拆迁户们的生活转变，也成为一种广受关注的社会现象。

广州旧改第一村猎德的老照片

在广东旧改十周年之际，回望猎德，城市更新不仅焕新了城市的容颜，也改变了原本村民的生活。从土地和劳作中脱离，他们不仅获得了回迁房、补偿款，亦有"人头股""地股""劳动股"等收益，更有稳定的租金，取代水稻等农作物的收益，成为他们新的"铁杆庄稼"。

广州猎德旧改后的全新面貌

对多数人而言，城市更新带来了直接的财富升级，以及产业改造所带来的就业机遇及形形色色的隐性福利。如一枚硬币的两面，在近十年来的公开报道中，也有不少人因此而改变了命运的走向，迷茫之下，有涉黄、涉赌、涉毒的堕落，有闪婚、闪离、闪孕的闹剧，而"拆二代"的辍学、啃老甚至败光家产，也是屡见不鲜。

当农民将世代拥有的土地权利，交换为支付补偿款，这些远远超出其往常收益的资产，一旦因利用不当而挥霍一空，随之产生的"拆迁返贫"就演变为众多社会问题，甚至被转嫁到政府和社会层面。在城镇化进行到当下的阶段，类似城中村的旧改更新，以及伴之而生的"暴富神话"也将越来越少。与之相反，在旧改更新过程中，如何建立起更为公平、更为合理、更具普惠性和长远性的利益补偿渠道，并在扭转思想、提升综合素质、提升危机意识上，对其生活、就业、投资、消费等观念进行合理积极的引导，应该成为越来越被关注、越来越应成熟的重点，而这也是"补偿"的应有之义。

2. 改造与更新："破壁"城市与城中村之间的"无形结界"

在广州生活过十年以上的人们，或许会记得那个旧改更新之前的杨箕村。在光鲜靓丽的都市里，四周都被高楼大厦包围的这个村子，有大片的农田甚至鱼塘，以及绝少在当代城市中能看见的各大姓氏建立起的祠堂。它的存在，就像是一块"补丁"，被牢牢钉在了一件华服之上。无须刻意，就能以一种与周遭绝不和谐、更不妥协的"孤傲"，攫取每一位观睹者的目光，并让来人第一时间就能明白无误地判断出它的身份，噢，这就是城中村。

虽然在周边"小区""街道"的包夹下，顶着"村"名的杨箕村看似特异，它的身价却很不寻常，连它的村民，也有着一种被城市濡染的精明。在广州筹办 2010 年亚运会之时，杨箕村周边的房价便已经上涨到 4 万 / 平方米，这让当时的村民嗅到了商机，于是一栋栋类似于火柴盒的四五层水泥房被村民迅速建起，然后此类楼间距极小的"握手楼"内部被分割成一个个狭小有如香港"笼屋"的小房间，向周边工作的农民工、应届毕业生及部分白领出租。到了这个阶段，杨箕村也不再是那个以宗族为单位的聚落，村民们的生产方式也不再是传统的农业，"握手楼"成为村民们盈利的生产工具，而以"城漂"为主力的租客们，则以极大的忍耐和较为低廉的住房租金、生活成本，在这里获得了一处"寄生城市"的落脚点。

如今的广州天河区

借由杨箕村这个典型，或许我们对城中村的理解可以更浅显直白。这是一个由现代化产生的词汇，也是一个充满矛盾性的概念。城中村的出现成因复杂，但总体来说，这是中国社会经济快速发展之下，城市蔓延和郊区化进程加速的机械扩张，使得原城市郊区的农村被城市"包裹"。目前，关于中国现有城中村数量没有专门的统计数据，但从各地新近公开的统计数据来看，中国的城中村数量保守估计大约在 5 万个左右。

新旧交替的上海面貌随处可见

长久的城乡二元结构，令城中村的位置十分尴尬。地理空间上，这些城中村所在的区域已经成为城市的一部分，但从社会性质上说，无论是居民户籍、土地权属还是经济组织形式和政治管理，城中村仍保留了传统农村的因素。在城市与农村之间，具有城市与农村双重特征的城中村，更多是一个社会经济概念，它缺乏合理的城市规划和必要的基础设施，建筑杂乱稠密，是脏乱差的滋生地，也是城市外来人口高度集中的集散地。城中村看似是城市的"一分子"，但它与城市之间存在着一层看不见的"结界"。

在城市和农村之间的"中间地带"，城中村两不归属的游离，主要体现在三个方面：其一，在政治管理上，它依旧属于村委会管理，但原本适用于稳定保守的自然村庄的基层自治的组织方式，无法应对突然而剧烈的扩张和转变，被大量涌入人口"摊薄稀释"的公共服务建设，形同虚设；其二，在经济发展模式上，虽然有租金作为主要经济来源，但城中村无法比拟正规的城市社区，依附于此的服务业参差不齐，而人口巨大的流动性，也让大型零售集散地没有建立的根基；其三，在社会文化制度上，因城中村原有文化基础被打破，而流动人群也带来了较复杂的社会治安问题，偏见之下，城中村与城市存在一种无法被"政治正确"而遮掩的"社会隔离"。

城中村

当越来越多的"杨箕村"踏上"改建更新"的道路，曾经的"脏乱差"被栋栋新式高楼、典雅洋房所替代，作为土地及房屋等资源的持有人，原本的城中村村民大部分都已经成为户籍及收入上的真正的"城里人"。或许，相比于可以走向全新身份、产生全新归属的他们，社会也应对原本租住于此的租客们，会有、能有怎样的去向，投以同情和关怀的关注。在打破城市与城中村的无形结界之时，他们也不应该是被忽视、被边缘化的群体，他们不应被对待以《夜访京三村》所记录的那种"驱离"。

3. 深圳下沙上位记：矛盾、冲突的消融与和解

深圳下沙村，位于福田区西南部的深圳湾畔，毗邻香港，紧靠深圳市中心区。该村与东邻的上沙村一起，构成了深圳最大的城中村之一。根据 2012 年福田区统计数据，下沙村常住人口达 8 万人左右，其中大多数为外来人口。可以说，下沙是深圳 1 044 个城中村当中的典型存在。正是这些像海绵一样的城中村的存在，为整个深圳 60% 的城市人口提供了容身之地，并成为最能代表深圳和深圳精神的一种特殊存在。

在城市更新进程中随处可见的深圳旧城区"握手楼"

从南宋时期形成村落至今，有 800 多年历史的下沙村，一开始也是由农舍等农村建筑沿深圳湾线状排列的村庄。20 世纪 70 年代，随着改革开放，深圳进入快速发展阶段，部分人口流入下沙。此阶段，下沙村主要建筑都集中在宗祠附近，多以 3 至 4 层建筑为主。到 1992 年左右，下沙实业股份有限公司成立，原 6 个自然村被合并为一个行政村，原建筑也多被加建为 5 至 8 层的"握手楼"。尔后到 2005 年，村民对建筑的形态和层数再一次进行了局部的改造和拆建。在改建更新之前，下沙村依旧保留着 20 世纪 90 年代的建筑风格，它犹如一个独立的小社会，大量"深漂"和数千在香港从事体力工作的港人混杂其间。在整体上，下沙以一种类似四线小县城的风貌与周围现代化的高楼大厦，彼此投之以复杂的凝视。

对下沙的改造更新，其难点不在于建筑的拆除，而是政府和下沙同时希望借此契机，在根本上解决城中村人口管理、社会治安、生产安全、社区建设、文化保护等复杂问题。改建之初，政府与更新主体方即对下沙有了清晰的认知：城中村原村民和外来人口的二元特征之下，二者的矛盾不在于相处，而在于原村民文化保护和外来人口的不同文化需求，如何实现差异和融合，这是难点一；原下沙村的功能定位上，是福田区车公庙工业区和天安数码城的后勤保障地带，若更新，新下沙的区位功能要怎样定性，这是难点二；从久远的渔民，到现在的村民、外来人口的房东，下沙村原居民的身份要如何合理转变，这是难点三。

怀着清醒的认知，在下沙村的改造更新中，"抓住核心价值、识别发展基础、重塑社区场所"的改造策略被提出并坚定执行。在城中村本土文化保护上，更新方另辟蹊径，将下沙与车公庙工业区进行了功能互动，将下沙被边缘化的文化遗产进行都市型乡村旅游和商务开发，打造为一种休闲体验旅游和生活方式，并延伸出了产业开发链条，改善了社区环境。以区位优势为依托，下沙在更新过程中，逐步完善了居住功能和后勤配套服务功能。

为确立和巩固"新下沙"的发展基础，以轨道交通换乘枢纽的设立，对区域城市层面的交通组织进行了整体优化。这一方式，不仅改善了区域的交通可达性，大大提升了下沙的后续发展潜力，也将外来人口的流动转化为区域发展的助推力。同时，在社区层面，改造更新通过机动车道路的连贯、人行天桥和自行车骑行道、步行低碳空间等"微循环"交通体系，对生态休闲体验路径进行了梳理、引导和串联。

以文化为切入口，下沙的场所环境重塑，也以共融共生的手段，实现了多元文化在当今时代大环境下的和谐发展。传统渔民文化和多元移民文化、历史文化传承保护与现代化开发建设、城中村原住民与深圳高尚住区居民等几重对立，都在下沙从城中村向滨海高尚住区的转型中得以消解，完成跨越。在具体措施上，东涌街建筑界面整治、下沙街道整治、广场周边立面改造等，实现了区域形象和市政功能的统一，让原本观感破败、功能短缺的下沙，不仅拥有了现代社区的生活街道界面，也具备了完整的市政公共服务和景观陈设。此外，新增的绿地空间，被串联的传统商业街道和新规划的商业内街，也让下沙的商业氛围和居住品质得到了质的提升。

下沙区的规划图

以下沙广场为传统文化内核，更新后的下沙村空间层次分明：内部，城中村的私宅建筑和空间肌理得以保存，而外围的现代滨海城市综合配套生活区，则与周边的深圳都会风貌实现了统一。至此，原本衰败的下沙村，成为一处海洋文化、草根文化、现代文化融合互动，具有典型深圳文化意义的城市区域，并获得了 2011 年广东省优秀城乡规划设计三等奖、深圳市第十四届优秀规划设计二等奖、2010—2011 年度中规院优秀城乡规划设计三等奖。另外根据改造项目负责人在媒体采访中介绍，对下沙旧工商业区的改造，也将极大改善下沙片区的资产状态，使其集体物业增值至 50 亿以上，年收入则在 5 000 万至 7 000 万元，每年可为福田区创造超过 20 亿元的财政收入，这是本次改造更新对于原区域、原住民和政府的另一种最具"含金量"的奖赏。

4."逆城镇化"，资源双向流通机制下的城乡互融互补

2017年，北京创新创业"双创周"上，以农村闲置房改造的"共享农庄"正式投入北京市场。对曾经乐于在网络上"偷菜""当农场主"的北京市民而言，由此多了一个可以在现实生活中"客串农场主"的 Sharefarm。

在房山、密云等11个北京近郊远郊，共有2 000多套农庄加入。这一模式下，农民将其土地经营权让渡给了介入的运营商，而运营商则以设计、资金、技术、管理、文化、人才等城市端先进资源的引入，对农村形成了反哺。根据市民需求改造后的农庄，对接的是城市人对田园生活、度假养生的需要，经互联网对外出租后，农民不仅可获得平台的租金，也可以参与到农庄的保洁、绿化等全新衍生的就业机会，再赚取一份工资。

共享农庄

这是轰轰烈烈的中国城市化进程中，与"主流"态势有别的"逆城镇化"现象。曾几何时，少数人对"逆城镇化"的呼吁，一度被各界视为与中国城市化进程"唱反调"，更有甚者，将其指斥为"开倒车"。顺逆之间，双方各执一词，而2018年3月的"两会"期间，习近平主席在参加广东代表团审议时，以一席发言为这场"辩论赛"做了"总结陈词"："城镇化、逆城镇化两个方面都要致力推动。城镇化进程中农村也不能衰落，要相得益彰、相辅相成。"

"逆城镇化"的"逆"，并不是指城市人口的农村化，也非城市文明和生活方式的农村化，它并非是城市化的"返祖"病变，也非郊区化的无可奈何。逆城镇化不是城镇化的反向运动，而是一种更高层次的城市化。从欧美的逆城镇化现状来看，美国部分城市的郊区已由松散的城市边缘，演变成为具有各种城市功能的就业中心，而德国则是一个2万至20万人口的小城市占据全国所有城市76%比例，但经济与城市活力依旧蓬勃的高度城乡一体化国家。[1]

在中国，逆城镇化出现的根本原因，是由于城镇化发展空间的不均衡。同时，工业企业布局的远郊区化（受环境、成本因素的影响，工业企业远离中心城市，向周边中小城市及小城镇迁移）这一国际普遍规律，也在上述经济发达的高城市化地区，有相当显著的体现。在表现形式上，中国的"逆城镇化"，既包括户籍上的"农转非人员"回乡创业，或其他城市、农村居民向乡村的迁移，也表现为农村通过"村官选聘"等人才或产业政策，对非农村人士的吸引与接纳。

面对城市的拥挤，越来越多的人愿意选择更惬意与舒适的生活方式

这种现象，不是人在户籍上的简单"回归"，而是社会经济发展模式、城乡户籍价值变化所引起的资源配置的地域变化。除了人向农村的流动或留置，更多的是城市功能的基础设施、生活方式、就业机会、公共服务、社会保障向农村的延伸，再进一步，则是城乡资源双向流动趋势的增强。农业经济结构调整，已经成为一种新的投资空间，而中国交通与网络基础建设的改善，也让逆城镇化的阻力被极大消解。资本下乡、消费下乡、投资下乡的"三下乡"，渐渐显现出一种可以被预见的趋势。农村产业化程度的提高、农村产业体系的重构、农村服务业的扩展细化，将凝聚为一种合力，打开城乡之间资源、人才、资本交流互通的通道。

当然，在当前及此后的 30 年间，逆城镇化在中国仍将是少数现象。但此类案例的存在依旧有其意义，因为这似可证明，建立在坦荡"资源交换"关系上的城市与农村，"谈钱"有助于让曾有纠葛的城市与农民修复感情，而城乡空间分布格局、财富占有比例一旦变革更趋合理，这种有物质基础的"恋爱"，也将更为持久、紧密、和谐和健康。

5. 给"告老还乡"的人一个回得去的故乡

2011 年 9 月，有"中国第一村"之称的华西村，以一则主题为"新农村、新中国"为主题的形象宣传片亮相美国纽约时代广场。在该宣传片上，高楼与厂房、汽车与马路代替了农舍和炊烟，小桥与流水，这是一个无异于现代化城市的中国农村。而在 YouTube 上，网红李子柒的"乡村生活"视频，成为整个网站上点赞数量最高的"中国内容"，片中所崭露的田园生活的诗意美好，俨然成为"中国文化输出"的典范。

但与此同时，"李子柒与华农兄弟，哪个是更真实的农村生活"的话题，在某门户网站有近 19 万个搜索结果，而主流答案却是：都不是。这二者，一个是尽力将数千年来中国人对"诗意田园"的想象，拍摄和剪辑成具有文艺情怀者心向往之的"桃源"，另一个则是基于现实农村生活做了未改本色，却有微调细节的局部美化。对于从未有乡村生活体验的观众，这两种视频都有吸引眼球的魅力，但之于仍在农村、曾在农村的乡村生活亲历者，这些美并无法绕过"理性"的防火墙，使其有真实情感的触动。

社会主义新农村，焕发出时代的勃勃生机

　　人口的流散、田园景象的变异、乡村氛围的变味、乡村的衰落、国人乡土情怀的"无枝可依"，并不完全是城市化的罪咎。城乡二元结构下的经济弱势、乡村精英人口的向城市迁徙、"农二代三代"的城市梦，让乡村成为老人儿童留守的空心村落，它既无法留住新生代的农村人，也让城市人长留乡村变得十分不现实。这种社会性的矛盾已然是如此复杂和尖锐，这种矛盾对立，不仅因为乡村生活在物质条件和生活氛围上的匮乏，更因为其于情感归属、文化认同上的凋敝。

留守老人和儿童的真实写照

与西方不同，中国传统文化的原乡并非城市，而是乡村。西方的文明 Civilization 一词，来自于 Civility 礼仪，而来源于礼仪的文明产生于其城市。但如费孝通八十年前"中国社会在本质上是乡土的"这一论断所言，讲求"忠孝仁义"，重视"天人合一"的中国文化孕生于乡村的土壤。一个能留得住人、引得来"乡愁"返乡者的新农村，不只要完成物质条件、生活水准等层面的重构，更重要的则是要复兴其值得保留的、精粹的文化传统。

在国家提出乡村振兴和城乡一体建设的当下，建设新农村，绝不是服务于一些人田园牧歌理想的小众愿景，而是一个事关数亿人如何去留的现实需要。在这一场建设中，我们不可将希望寄托于乡村的自建或宗族的治理，全社会都应怀抱着对土地的责任感，从政府到产业，从农村精英到城市白领，从复原军人到退休人士等应该共同参与乡村建设，让传统文化观念融合当代价值，让封闭自足的小农经济对接现代产业化生产模式。只有真正留住了传统农村的文化和人情味，也重塑了乡村的居住方式和生活质感，未来乡村，才可能成为既可以"慰藉心灵的乡愁"，又能"善待肉体的需求"的美好存在。

章节总结

对城中村和农村的更新或振兴，不应被简单处理为物质砝码的加权。在物质之外，相应的政策规划、产业配套、精神建设，也应予以制度化的完善和跟进。以土地产权的明确为基础推进物质建设，以政策规划的落地为手段实现制度建设，以生活方式的转变为契机实现精神建设，这些村落才能真正焕发活力，成为宜居宜业的社会空间，这些居民才能真正获得归属，成为物质与精神并丰的现代公民。

---

[1]MBA 智库·百科逆城市化词条。

1.9产业篇

产业更新是城市更新的核心与途径
也将最终决定城市的未来图景

如果城市更新的范畴仅限于基础设施和城市风貌的升级，城市更新或将走入"治标不治本"的歧途，从破产的美国底特律，到中国的一些萧条"鬼城"，种种现象告知我们，这是一个无法"乐业"便无法"安居"的时代。对城市产业的升级、优化乃至颠覆性的替代，将是每一座城市都无法置身事外的、对自我价值"底座"的保卫战。

1. 东川启示录:还有几人记得被撤市建区的"天南铜都"

云南是全国 34 个省市中唯一没有带 B 字母车牌的省份，这个唯一的背后，是一段说来话长的故事。在 1998 年之前，"云 B"的车牌号是存在的，这个车牌号属于当时的东川市。1999 年 2 月 8 日，东川市这个 1949 年新中国成立后的云南省第二个地级市，成为全国首个因为矿产资源枯竭、经济发展停滞而被降级的城市。

东川之名最早出现于唐代，唐朝在今日的巧家、东川一带设立了东川郡，明代设东川府，属四川，清代改隶云南，以铜矿而闻名。东川拥有 2400 多年的采矿史，素有"天南铜都"之誉。1952 年 12 月，东川矿务局成立，次年，东川铜矿开采项目成为"一五"计划当中苏联援建的 156 个重点项目之一。1958 年，共和国"因矿设市"，矿业经济成为东川的支柱产业。高度集中的计划经济体制下，产业结构极度单一的特征，也成为长期伴随东川的"慢性病"，这也导致了东川市曾一度是全国唯一的贫困地级市。

东川矿务局老照片

客观来讲，在新中国国家工业化起步阶段，东川矿业这一类与矿产资源具有高关联度的行业，在一定意义上影响着国家的工业化进程，而累计为国家贡献了 60 万吨含铜精矿、20 万吨含银精矿，折合人民币 450 亿（以 2000 年物价水平为基准）的东川，也为国家的国防和经济建设做出了不可磨灭的贡献。但随着科学的进步和社会的发展，这一类建立于矿产资源之上的工矿经济，其衰退实属必然。[1]

庆祝东川矿务局成立四十周年

在当时云南省委省政府决定撤销东川地级市，改设县级东川区的决议背后，其目的之一是发挥昆明作为省会城市的辐射带动力，助推东川经济发展。如何优化东川长期以来以初级铜矿开采为支柱产业的原有结构，自然是重中之重。但到 2001 年，因自身的单一产业结构和外部国际竞争的冲击，东川矿务局宣布破产。据数据显示，在东川矿务局破产清算前，东川城镇登记失业率为 6.2%，而在矿务局破产后的第三年，这一数据攀升到令人震惊的 40.2%，该数据超过了国际警戒线数倍，也创下了全国之最。

为了拯救东川，新"顶头上级"昆明市于东川设立了"再就业特区"，试图以十年零税收的扶持政策，吸引投资和产业进驻。"税收洼地"确实带来了大量的外来资本，但高度集中的外来资本所蚕食的，依旧是为数不多的铜矿，甚至对其他产业形成了"挤出效应"，产业结构的调整陷入困局。至"特区"政策结束，东川区失业率虽然降了但仍高于全国水平的 10.94%，但其第一、第二、第三产业占比分别为 6.9%、61.1%、23%，甚至比矿务局破产前的 23.42%、51.95%、24.63% 显得更为恶化。

为扭转"一铜独大"的产业格局，激活经济可持续发展的内在动力与城市的整体发展活力，云南省政府下发的《关于做好贯彻落实全国资源型城市可持续发展规划（2013－2020 年）有关工作的通知》，将东川区定位为"加快转变经济发展方式的重点难点地区"，须"着力破除城市内部二元结构，化解历史遗留问题，大力发展接续替代产业"。2015 年，东川区确立了"一产做特，二产做强，三产做活，整体做优"的产业转型思路，以求培育特色、提质增效、拓展业态，逐步形成更为合理的产业结构，摆脱对矿业经济的依赖。从 2007 到 2017 年，东川区城镇居民人均可支配收入由 10 376 元增加到 30 265 元，农村居民人均纯收入由 1 814 元增加到 7 800 元。

在中国经济增长放缓、部分行业产能过剩、传统产业竞争力削弱的现实问题下，城市产业的转型升级是大势所趋。而类似于东川，因工矿而历经兴衰的城市也非个例，从白银到金昌、阜新，这一类城市都在面临和东川相似的产业结构转型的时代阵痛。从全球和国内相关城市的经验来看，产业的转型升级不是一个自然而然的过程，对支柱型产业的任何动作，都会牵动城市经济的全局，如何明确找到并成功培育出新型特色产业，是这一类城市必须面对、必须探索的"硬核"议题。

破旧的厂区

2. 土地利用类型的变迁，"伏线"了城市产业发展的趋向

在 20 世纪 60 年代，上海本地报纸曾多次向市民提出一些冷僻的"测验题"。其中，有一道题目被反复提及，那就是"上海最高的建筑是什么"。有居民回答，是 76 米高的国际饭店，也有居民反对说，应该是中苏友好大厦的尖顶上，那颗距离地面 100 米的红星。但真正正确的答案，是杨树浦发电厂那根 105 米高的烟囱。

杨树浦发电厂 105 米高的烟囱

今天，上海已经成为中国和亚洲的经济金融中心，新生代的年轻居民或许很难相信，在东方明珠塔和金茂大厦、上海中心之前，上海的最高建筑物会是一根烟囱，而发电工业也曾如此深入上海黄浦江沿岸的"心腹"位置。而今，这一座始建于 1912 年的昔日远东第一大电厂，在 2010 年根据上海市政府"节能减排"的要求正式停产，保留了烟囱和老建筑的发电厂，已经被改造为一个集商务办公、文化创意和旅游为一体的创意博览休闲娱乐园区。

 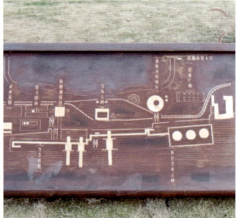

昔日远东第一大电厂变身创意园区　　　　　　　　　杨树浦电厂遗迹公园指示牌

从发电厂变身创意园区，这是上海城市空间布局调整当中的一个故事，也是城市产业布局变迁的一种印证。在每一座城市的发展史上，土地利用类型的改变，反映了城市产业结构的演进和空间布局的变更，也证明了这种新陈更替是一种客观规律。商业区、工业区、住宅区和金融区等他类功能区在同一座城市的不同阶段，所占据的空间位置、轻重比例都各有不同。这种变化，既来自于政府之手对经济资源配置的动作，也脱不开市场经济规律的作用。

新中国成立以来，中国城市产业大致经历了三个阶段的变更：从1949到1978年，工业化是主导中国城市化和经济建设的主旋律，大量兴起的轻重工业在城市中心和重要区位占据了大量的空间；1980到2000年，以东部沿海大城市为代表，为了减轻城区的污染，腾出城市中心地区的高租金土地，工业企业开始出现了郊区化现象，第三产业开始在城市中心区位获得发展机会，如北京在1984年推进的工业"大搬迁、大关停"和上海1980年开始的"三废"治理，即是此阶段城市对产业城市布局的典型"声音"；2000年后至今，尤其是在2001年国家计委发布《"十五"期间加快发展服务业若干政策措施的意见》，提出鼓励中心城市"退二进三"，之后各城市加快了产业空间调整步伐，纷纷启动旧工业区升级改造工作，类似杨树浦电厂等原工业区的建筑与空间，逐一被改造为城市发展第三产业的热土。

近年来，随着城市更新热潮的泛起，城市的发展模式已经从"扩空间"向"增内涵"过渡，城市产业的升级转型，不仅体现在国家宏观层面的东西部产业梯度转移或升级转型，也表现为城市或城市群内部产业结构和比例的优化调整及分工细化。根据国家统计局和各省市历年统计年鉴数据，在1978到2016年间，我国36个主要城市的工业增加值占比总体上都呈下降趋势。与之相应，此类城市的第三产业占比也愈发提升，渐渐成为支撑城市经济最有力的支柱。而空间阔大、地理位置优越，更具备历史底蕴和文化内涵的老厂房、老仓库，成为各城市更新主体一致青睐的选择。对参与者各方而言，以相对较低的投资改造成本，通过保护性的开发，让现有的建筑和空间成为创意文化等第三产业的发展平台，实现城市产业结构的优化升级，提升第三产业在城市经济上的合理占比，这确是一种可让多方获利共赢的优等选项。

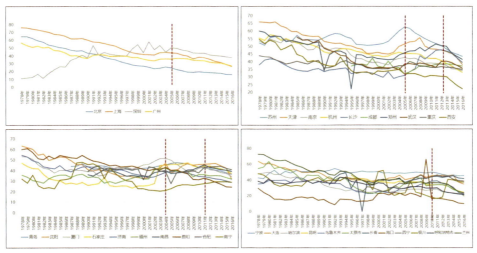

1978 到 2016 年间，我国 36 个主要城市的工业增加值占比总体上都呈下降趋势 [2]

工业遗址的改造更新、城市产业在空间上的分布变动，像是"鱼浮"，水面之上的震动痕迹，其实是城市经济发展和各级政府宏观规划在更深层次的活跃牵拉。而同一块土地在用地类型上的定位变迁，也是一种唯有"有心人"才能准确判读的"隐喻"，它不是商周时代祭司们占卜的"龟纹"，但确实预示了城市产业经济的发展方向。

3. 真正支撑杭州崛起的力量, 可能 …… 不是阿里巴巴

2019 年 11 月 26 日，阿里巴巴成为中国首个同时在美股和港股上市的中国互联网公司，近 6 000 亿美元的市值，不仅令人赞叹"马爸爸"的身家，也让全世界看到了中国互联网行业的辉煌和前景。以阿里巴巴和网易为代表的在杭互联网公司，占据了全国互联网公司 6.5% 的份额。互联网科技产业的兴盛，让杭州成为年轻创新创业者向往的互联网之都，而位列"中国城市创新指数"第四位、跻身全国创新创业"第一方阵"的城市声誉，也攫取了公众对杭州的城市认知。

不一样的杭州

如《一代宗师》当中的台词，一个门派的兴盛需要人当"面子"，也需要人做"里子"。互联网名企的光华、互联网经济的兴盛，正是杭州这座城最为光鲜的"面子"。如果观察 2000 至 2018 年的杭州产业变迁史，并比较各产业占比与效益产出，或许人们会发现，在这个强调"新经济"的时代，工业依旧是支撑杭州的"里子"。

早在 2000 年，杭州结合自身发展阶段及比较优势，提出了"工业兴市"战略。2002 年 7 月，杭州工业兴市大会提出"工业经济增幅高于全省平均水平，总量领先全省各市"的目标，"工业兴市"战略正式拉开序幕。至 2008 年，杭州第二产业占比 49.54%，第三产业则从 2000 年的 41% 提升至 46.7%。随后，受 2008 全球金融危机影响，杭州在 2009 年提出"服务业优先"战略。至 2013 年，第三产业占比跃升至 54.33%，文创、电商产业开始加速崛起。2014 至 2018 年，杭州数字经济进入优先发展时期，并产生了"只有信息化带动的新型工业化，才是实体经济的出路所在"的判断。2018 年，杭州第二产业占比 33.84%，第三产业则达到了"三分天下有其二"的 64%。[3]

年份	GDP	增速	第一产业	占比	第二产业	占比	第三产业	占比
2000	13825616	——	1039641	7.52%	7093233	51.31%	5692742	41.18%
2001	15680138	13.41%	1114569	7.11%	7935809	50.61%	6629760	42.28%
2002	17818302	13.64%	1146388	6.43%	9018225	50.61%	7653689	42.95%
2003	20997744	17.84%	1265890	6.03%	10757812	51.23%	8974042	42.74%
2004	25438430	21.15%	1322341	5.20%	13182254	51.82%	10927201	42.96%
2005	29438430	15.72%	1482145	5.03%	14943581	50.76%	13012704	44.20%
2006	34434972	16.91%	1548594	4.50%	17282912	50.19%	15602473	45.31%
2007	41040117	19.18%	1634719	3.98%	20458811	49.85%	18946588	46.17%
2008	47889748	16.69%	1798300	3.76%	23725807	49.54%	22365641	46.70%
2009	51114007	6.73%	1905093	3.73%	23657646	46.28%	25551268	49.99%
2010	59657106	16.71%	2084144	3.49%	28198060	47.27%	29374902	49.24%
2011	70372782	17.96%	2367708	3.36%	32805209	46.62%	35199865	50.02%
2012	78336168	11.32%	2551127	3.26%	35001330	44.68%	40783711	52.06%
2013	83985753	7.21%	2615974	3.11%	35742503	42.56%	45627276	54.33%
2014	92061634	9.62%	2743492	2.98%	38455759	41.77%	50862382	55.25%
2015	100502079	9.17%	2879492	2.87%	39090099	38.89%	58532488	58.24%
2016	113137223	12.57%	3042063	2.69%	41209307	36.42%	68885853	60.89%
2017	126033629	11.40%	3110811	2.47%	43624809	34.61%	79298010	62.92%
2018	135090000	7.19%	3060000	2.27%	45720000	33.84%	86320000	63.90%

（数据来源：杭州市统计局官网）

杭州产业占比图

第三产业的迅猛发展，让许多人产生了一种判断，工业之于现在的杭州，已经不再重要。但真是如此吗？其实，无论就产值还是对整体经济的影响，第二产业才是杭州财政收入的主要来源。2018 年，杭州规模工业纳税 757 亿元，是规模服务企业纳税 254 亿元的近 3 倍，占 2018 年度杭州市一般预算收入 1 825 亿的 41%，工业企业的利润 / 利税总额仅有 50% 左右，而服务企业却接近 90%。换言之，就是同样创造 100 元的利润，工业企业纳税近 50 元钱，而服务企业只需纳税 10 元钱。相比于服务业，工业制造业在税收、就业上的支柱性作用由此可见一斑。[4]

诚然，第三产业在城市产业产值中的占比，往往是各城市衡量自身产业结构合理与否、优劣如何的风向标。但通过杭州，我们仍需认识到，城市经济是一个有机整体，"面子"与"里子"不应处于"争风吃醋"的对立立场，城市应为一、二、三类产业构建起一种良性互促的关系。当前，无论是杭州还是上海、深圳、南京，都已经在扭转观念，对先进制造业显示出了足够的关切和重视。在国际形势上，美国所提出的"制造业回流"、中国政府所呼吁的"中国制造2050"，都显现了中西方大国对实体制造业的清醒认知。以信息化、人工智能等对工业制造进行加持与赋能，新型工业化才能成为真正支撑起国家经济的根基与砥柱。

对一座城市产业经济发展的观察，像是对整个中国产业经济现状的一次"切片"，在这个"样本"的发展脉络和特征上，城市的主政者、规划者将收获丰富的启益，也将形成如此的共识：对产业升级和迭代的考虑，应避免在产业导入和结构优化的思考过程中，走入为增加第三产业的比重而陷入"虚假繁荣"的歧路。一个完整健康的现代化产业体系，必然要结合城市的发展阶段及实际状况，去确立信息经济引领、服务业、先进制造业各自的地位和比例。

4. 炽烈的人才争夺战，产业才是背后的"胜负手"

2017年以来，以西安、武汉、南京、合肥、成都为代表的新一线城市与二线城市，相继出台了一系列的人才政策，将住房补贴和户口作为吸引外来人才和本地高校毕业生留城就业创业的重拳。其中，西安在2017年落户人口增加超过20万人，成为在2016年第4季度到2018年第1季度期间，人才净流入率前十城市的第二阵营，虽低于杭州，但也高于南京、青岛、郑州、合肥，这对于一贯有"留不住人才"等社会批评声的西安，确实是一则喜事。

西安鼓楼

作为西部"抢人大战"的一员大将，西安渐渐护住自己高校"人才库"的表现，固然引人注目，但在"东西对垒"的大局面下，"西部战队"的表现，依然以大比分落后于东部地区。以银川、兰州、西宁为代表的弱势省会城市，虽然也在很短时间内跟进西安步伐，出台了力度不小的人才政策，但成果并不明显，且有一种"马太效应"下弱者恒弱的颓势。同在 2017 年，银川新增人口 3.43 万人，兰州为 4.1 万人，其中，作为知名 985 高校的兰州大学不仅不能为城市有效留住毕业生，就连各重点学科的老师也不断被"挖墙脚"，人才断层式流失的势头，短时间内很难得到遏制。

也是出于这种无奈，在 2018 年"两会"期间，宁夏发改委相关专家就曾提议"不允许各省市再出台自己的人才政策，而是由国家统一给西部出台人才政策"。此言论代表了许多在"人才争夺战"中攻守两端都乏力的西部城市的黯然心事，也引起了社会各界的热烈争议。"如果各省都出台人才政策，就是零和博弈，而弱势的西部省份并不占便宜"，这是西部省份在这一轮争夺战中的无奈。而西安的胜出，根本原因不在"人才政策"，而是自 2017 年初，西安市第十三次党代会所提出的打造高新技术产业、先进制造业和商贸物流业等"三个万亿级优势产业"，正是这个构建中的现代产业体系，让西安多出了数十万计的高端就业机会。

目前，"北雁南飞"已经成为中国新一轮人口流动的标志性趋势。造成这一现象的主要原因，是南方省份发达的经济、密集的产业，对外来人口有着持续的吸引力，但归根结底，南方经济发达仍是产业占优的优势延伸。当城市的发展动力从原本的投资驱动转向创新驱动，中国产业的迁移趋势也发生了相应的改变，成熟的城市群内制造业向周边扩散，成长中的城市群内制造业则向中心城市加速集聚，非城市群内城市产业结构趋于低端服务业化。总体上，被迁入西部城市或西部城市自发集聚和发展的产业，在重要性、先进性和增值性上，较之于东部南部省份仍处下游地位。

从城市或城市群的视角来看，城市是人口的集聚，而人口的集聚则依赖于产业，尤其是朝阳产业和新兴产业。在第四次全球产业转移浪潮叠加中国经济新常态下产业空间布局转变的大趋势下，新兴产业较少、产业结构不足的现实，将是决定西部城市难以"留人"的核心因素，换言之，西部地区人才外流的原因很复杂，但并非是西部城市人才政策的诚意不足、利益不够，而是这些城市所提供的政策扶助和较低的生活成本等优势，仍不足以抵消东部南部地区产业经济的磁力。

5. 可能服务过你的"共享员工"，以及他们身后的万亿级共享经济

2020 春节前后，一场突如其来的新冠肺炎疫情，对中国各行业都造成了极大的冲击，其中尤以电影院线和线下餐饮等行业为甚。在"倒春寒"的逼迫下，国家和地方政府都出台了各类驰援政策，企业也开始积极自救，受情势倒逼的创新也开始出现，"共享员工"就是其中之一。

2020 年 2 月 3 日，阿里系旗下的新零售品牌发布公告，云海肴、青年餐厅的部分员工可以来盒马上班，盒马将支付相应的劳务报酬，西贝也有 1 000 多名员工去盒马临时上班。以此为开端，跨界的共享员工纷纷涌现。2 月 5 日，京东 7FRESH 发布"人才共享"计划。2 月 6 日，阿里本地生活服务

公司推出"蓝海"就业共享平台。2月7日，苏宁物流发布"人才共享"计划。2月8日，联想集团发布"共享人才计划"。从零售物业领域到制造业，共享员工成为这个特殊时期的一个创新亮点。

从共享单车开始，共享经济成为中国新的经济增长领域

　　面对这一创新，社会也泛起了各种讨论。有人认为这是企业之间的"抱团取暖"，也有人认为这是资源优化配置的市场行为，更有相关商家和评论界人士对此赞誉有加，认为这是一个"外星人式的脑回路""天才性的商业模式创新"。虽然，这个"共享员工"是一种零星企业的自发行为，合作方式也较为粗糙，但它背后的意义却很重大。一般情况下，线下餐饮与线上新零售的关系，可以称之为"友商"，但其实二者也存在相当的直接重叠业务竞争。疫情状况下，盒马等线上品牌却没有选择"打压"和试图"一家独大"，这不仅显现出了企业的大局观和责任感，也为各行业带来了正面的社会效应。

　　整体舆论风向上，社会各界对"共享员工"都持有赞赏态度。对社会和公众而言，该模式创新，不仅满足了特殊时期的民生需求，也解决了许多商家的存亡危机和员工就业的压力，甚至有商业管理分析界人士认为，这不是两家企业之间简单的资源共享，而是对商业生态系统的维持。"共享员工"在成本转移、闲置资源盘活、商机共享、品牌共融等多个层面，对中国企业都有一种示范性的作用。商业也可以不是如达尔文进化论中"你死我活"式的血腥厮杀、胜者独霸，一旦将行业价值链条上各环节的关系理顺打通，合理的价值或利益的互换，一个共荣共生的商业生态系统或可成型。

　　在距"共享经济元年"4年多之后的今天，"共享员工"是中国共享经济不断增长，业界持续探索发展模式，共塑产业生态，扩展行业边界的"惯性"使然。根据2019年2月发布的《中国共享经济发展年度报告》数据，2018年中国共享经济交易规模达到了2.9万亿人民币，较2017年增长了41.6%。在2015到2018年间，网约车用户在网民中的普及率由26.3%提高到43.2%，在线外卖用户普及率由16.5%提高到45.4%，共享住宿用户普及率由1.5%提高到9.9%，共享医疗用户普及率由11.1%提高到19.9%。

　　共享经济产业是近年来在中国火爆兴起的"万亿产业"，对于这个产业的成功，《日本经济新闻》、美国《福布斯》杂志、CNBC 等海外媒体均有过深度探讨和总结，"人工智能和大数据领域的产业优势"，"广泛的全民性互联网覆盖和普及到乡村的移动支付"，"丰富的劳动力、稳定的货币和政局、世界一流的物流以及更安全的营商环境"，代表了欧美和日本等发达国家对中国共享经济兴起的主流观点。英国广播公司更是认为，中国共享经济的发展虽然还没有进入到精细化运营的稳定成熟阶段，但其顶峰还远远没有到来。

章节总结

在大势上，传统产业的衰落是一个不可逆转的必然结果。城市产业更新的直接目的之一，就是减缓、阻断与产业捆绑在一起的城市可能会出现的下滑跌宕。正因为产业更新如此重要，城市更新在产业端的决策更须冷静持重，既不可一味否定过往和当下，也不能盲目求新求变，或是追求纸面数据的好看。伴随着全球化产业分工的进一步细化，城市更新应帮助每个城市和区域，找到和做强契合其城市环境、经济结构的强势产业，以"比较优势"参与到全球范围内的产业竞争，并增强城市向上生长的胜算。

---

[1] 张星民，《支柱产业兴衰对区域经济发展的影响》，《合作经济与科技》，2019 年 11 期。
[2] 《都市圈研究，揭秘各大城市产业布局的根本逻辑！》，华夏幸福产业研究院公众号。
[3] 查理大咖《杭州产业变迁史（2000-2018）》。
[4] 查理大咖《杭州产业变迁史（2000-2018）》。

1.10邻里篇

对邻里情感的维护
是城市更新不可推卸的"附加题"

归根结底，城市是每一个城市居民的城市。在改造城市空间、功能结构的同时，城市更新也在重组着城市之中的生活。某种程度上，城市更新是对一种长期稳定的生活方式、情感氛围、人际关系的打破，在一切物质性的更新短时间内迅捷爆发见效的同时，区域之中的人际关系，尤其是邻里关系，也应当有合理的复建和重塑。以人为本，中国的城市更新，天然就负有普惠民生的重大责任，这也是城市更新主体践行其社会责任感的用武之地。

1. 没有"邻家玩伴"的一代人，成年几年了

1979 年，处于人口危机下的中国开始实施计划生育政策，此后几十年间，中国诞生了被外媒称之为"最孤独的一代人"。据不完全统计，在此期间中国共诞生了 1.76 亿独生子女，他们自出生开始，大多数人就是家中唯一的"小公主""小皇帝"，无论是物质条件还是情感关怀都少有兄弟姐妹"分羹"，但随之而来的孤独，却也同样无人可以分担。

计划生育政策宣传牌

2014 年，摄影师 Carlos Barria 拍摄了 36 位独生子女，从 1979 年出生的第一代独生子，到 2014 年还在妈妈肚子里的胎儿，每年对应一名。摄影师在拍摄过程中，询问了他们是否想要兄弟姐妹。对于这个问题，除了 4 位受访者因年龄太小而无法作答外，另 32 名独生子女中有 21 人明确表示希望有兄弟姐妹。他们中的多数人，独占更好的物质条件甚至父母的全部关爱，但这些依旧弥补不了他们对陪伴的渴望。

然而奇妙的是，即使是在这个有"孤独"共同标签的群体中，若以年代来划分，80 后相比 90 后、00 后，却有着更热闹的童年记忆。虽然他们同样是独生子女，但生长在工厂家属楼、部队大院、农

村乡间的他们并不缺乏玩伴，一声呼三喝四，就可以用滚铁环、拍刮片、打烟盒、弹玻璃珠、跳房子等简单游戏，或是小霸王游戏机、街机等玩具，将邻家的孩子召唤出来。因而在很大程度上，他们之于彼此，就是消减孩提时代孤独的温暖存在。

儿时的玩伴和游戏

真正孤独的那一代，应该是在商品房时代出生和成长的"90后"。当社区取代了村落巷弄，被单元楼"水泥盒子"和防盗门窗、围墙隔绝的他们，再也无法像哥哥姐姐辈一样，可以在邻居当中迅速地发展出玩伴，"孤独"在他们的身上留下了特别鲜明的时代痕迹。

当孤独从一种个人的情绪状态演变成一个群体和一个时代的显性症候，"城市冷漠症"这个专有名词便成为城市化进程中最切身可感的一种"副作用"。随着栋栋高楼的拔地而起，城市中的阳光与人情味似乎都被稀释，而"别和陌生人说话"也成为许多家庭言传身教的居家信条。城市正变为一个由陌生人组成的群体，缺乏信任与了解，没有基本的规则和共识。这种距离和冷漠，让"躲进小楼成一统"的我们，既心安于这封闭隔绝所带来的"安全感"，却又分外怀念"亲邻热里"的煦然暖意。

在"孤独一代"中的最长者已年过不惑，最小者也入学开蒙之际，除了一声长喟，我们与城市，是否有责任通过建筑和空间，以及生活方式、情感交流方式的重塑，让我们渴盼的"温热人心"，再度回归？

2. 老楼栋、新小区，两种"进口"的城市住区单位

2017 年 2 月 21 日，俄罗斯总统普京下令，要求莫斯科市长谢尔盖·索比亚宁拆除莫斯科所有的"赫鲁晓夫楼"。随后，这一项或许是莫斯科历史上最昂贵的建设项目正式进入莫斯科市政议程。俄计划在 20 年时间内，耗资约 3.5 万亿卢布，拆除占莫斯科住房总数 10% 的 8 000 栋居民楼，拆迁面积高达 1500 万平方米，约 160 万居民将搬迁至俄国版的"经济适用房"。

"赫鲁晓夫楼"拆除现场

　　相比莫斯科进入"倒计时"的赫鲁晓夫楼，中国"同辈同源"的老式单元楼，大多已先此一步被扫入城市历史的尘埃。这些代表着新中国"另起炉灶"的初期城市化建筑，具有典型的时代印迹，受"老大哥"苏联的影响，同属东方阵营的中国，无论是大马路、重分区的城市规划，还是结构简单、密度较大的城市住宅，都带有"苏式"风格。赫鲁晓夫楼正是这一特殊历史时期中的产物，它的出现以及在苏联、中国的兴起，反映的是同一个问题，百废待兴的新生社会主义国家，都想在最短时间内初步解决城市人口最迫切的住房问题。

　　这一在 20 世纪 50 年代赫鲁晓夫时期大量修建的"轻巧的房子"，是由苏联设计师维塔利·拉古坚科所设计，具有质量较轻、造价低廉、易于批量建造等特点，而宜居性在当时是"可以接受的牺牲"。对居住者来说，"格子房"的室内有隔音较差、空间狭小、楼层低矮、保温性弱等缺点。整排楼、整个社区不可避免地带有"社会主义大家庭"的意识形态的特征，高密拥挤、整齐划一、均等同质以及少有公共空间。如今 50 岁以上的国人，想必对此仍是记忆犹新。

建成于 1957 年的第一栋赫鲁晓夫楼，至今仍在莫斯科格里马乌街 16 号

赫鲁晓夫楼内部实景图

　　当改革开放后的商品房时代，接过了计划经济时代"福利分房"的接力棒，另一种"西风东渐"的外来影响，再一次作用于中国的城市人居。中国的商品房小区，普遍采用的是 20 世纪 20 年代至 90 年代"美国小镇"的设计模板。这个模板的背后，其核心思想是社会学家科拉伦斯·佩里创建的"邻里单元"理论，主张以小学的合理规模来控制社区人口规模。本质上，这个理论是基于美国汽车交通

发达的现实条件，去创造"一个组织家庭生活的社区"的合理居住单位。因而，"邻里单元"模型下，社区的理想人口在 1 000 户左右，但实际上，美国社区规模大多在 300 户左右。

当"邻里单元"理论来到中国，其"中国实践"又与发源地美国的当时现状有很大的不同。彼时的美国地广人稀、汽车交通发达，无论是城市土地供应还是交通承载力，均较 30 年前的中国城市有很大的"富裕"。因此，在地狭人多的中国城市社区"套用"所造成的后果，就是同样占地 10 公顷的小区，其人口密度往往是"美国模型"的 3 至 5 倍，实际社区规模的 10 至 18 倍，即更高密度、更高楼栋、更少公共空间的小区，会密密麻麻住下 3 000 户到 5 000 户居民。

老式单元楼

从 20 世纪 50 年代的"赫鲁晓夫楼"，到今日的小区，中国城市居民的住房舒适感有跨越式的提升。但除了极少数位于城市人居金字塔顶部的高级住区持有者，绝大多数城市居民依然要与人多拥挤、空间狭窄等弊端长期为伴。人均公共空间不足欧美国家 1/10 的现实下，这种拥挤，让社区人际交往的欲望及频率被压抑到低点，居民之间没法建立起至少"脸熟"的关系，存在于彼此心底的是对"陌生人"的缄默寡言与暗自戒备，更遑论能产生"高级而奢侈"的安全感和认同感。

某种程度上，这个现实或许说明了一个问题，无论是来自苏联，还是承袭欧美，"楼栋"和"小区"两种城市居所的单位，并不是完全适用于中国的现实。如果想让"提升居住品质"与"避免情感寒漠"同时实现，未来的中国城市，有必要重新创造出一种从现实国情出发的"中国式城市人居单位"。

3. 中国物管40年，"门禁"阻断了几多邻里温情

1981 年 3 月 10 日，深圳市物业管理公司正式成立，这是为国内物业管理行业所公认的中国物业管理起源的历史事件。但这个"首个吃螃蟹"的物业管理公司的诞生，并非出于住房管理制度改革的自觉而独立产生，而是与改革开放大形势相关的"特事特办"，其初衷是为了解决涉外商品房售后服务过

程中可能出现的问题，模仿和借鉴了香港物业管理的相关做法与经验。事后来看，这与改革开放初期"摸着石头过河"的观点是极为相契的。

近40年，中国物业管理行业发展极为迅速。如果参照业界的划分方法，中国物业可划分为两个时代：首先是1981年3月至2007年9月的"企业时代"，这个阶段物业管理企业方处于主导地位，业主的消费意识尚薄弱，物业管理的权利意识也未彻底苏醒，业主对物业管理的主导权被有意无意地忽视。其次是2007年10月至今的"业主时代"，该阶段《物权法》颁布实施，业主对物业管理的态度从被动接受转向主动参与，并对服务的方式、范畴、合理性、价值感等有日趋专业的要求，物业管理也因此变得更为精细和人性。

"门禁社区"是国人对物业管理小区的通俗称谓，它起源于欧美，通常表现为城市中大量存在，四周由围墙、绿化或建筑自身环绕闭合，并安置门禁设施，以保安、钥匙、门卡等多种手段限制外来人员进入，且内部配备有闭路监视系统和巡逻人员"双岗"在值的封闭型社区。

不可否认，职业化的物业管理服务，为社区业主的日常生活需求提供了便利，也带来了一些困扰，最典型的莫过于让传统邻里关系变得越发松弛。比如，在社区事宜的告知方式上，大多都是文字化的"贴通告"。再比如，在以往"远亲不如近邻"的观念下，习惯了彼此守望互助的居民，将目光从邻居那里转向了物业，少了口口相传，少了邻里的了解、热络和扶助，社区人际关系便开始淡化，共同参与社区活动的意愿、对社区的认同感都不断下滑。常年"门对门"，却很少"面对面"的邻居，各自以"陌生"为代价，交换了或许并未强化的"安全"。

邻里关系

随着中国城市化的继续推进和"共同富裕"的大范围实现，越来越多的门禁社区将成为新晋中国城市居民的未来住所。在这个过程中，门禁社区对人际关系的洗刷冲击作用也为更多人所认识和反思。在社区邻里关系的重新架构上，城市居民有权提出他们的期许，他们渴望在获得专业周全的物业服务所带来的安心便捷和私密保障的同时，物业管理方也能适当保留邻里交往的"空隙"，而不做"僭越边界""包办一切"的过度干预。这种期许，其实是对门禁之"禁"的重新定义，谈管理，也要讲情理，推广门禁，但不能将邻里情感禁绝于门外。

4. 提升人际交往的意愿与频次:"匀质化"住区的构想和实践

唐·李延寿《南史·吕僧珍传》载有一个"百万买宅,千万买邻"的故事:宋季雅罢南康郡,市宅居僧珍宅侧。僧珍问宅价,曰:"一千一百万。"怪其贵,季雅曰:"一百万买宅,千万买邻。"或许,"千万买邻"的故事,可以被视为古代中国文人士大夫对现代兴起的"匀质化住区"的自觉向往。

所谓"匀质化",是出现于美国城市建设"郊区化"过程中,一种基本反映了居民层次的社区分布现象,大量在年龄智力、经济水平、社会地位、受教育程度、价值观念、行为习惯相同相近的人群聚集一处,便形成了"匀质化住区"。

"匀质化社区"模式,回应了美国社会学家霍曼斯行为主义交换理论"情感-互动"的假设,人类之间的互动,基础是友爱、尊敬、同情和互相喜欢的情感,越是高同质度的人群,越可能产生亲密主动的互动。在美国各项指标评比中连续 20 多年排名前二的 Reston 中产社区,即是"匀质住区"的典型。该社区位于华盛顿以西 35 公里,距杜勒斯机场车程约 15 分钟,区域是空港商业商务的强力辐射区。作为全球闻名的中产社区,占地 45 平方公里的 Reston 社区,以多物业形态的产品组合、高标准的设施配套、丰富的社区活动成为全美最佳居住选择,也创造了全球中产阶层高度认可的生活方式。

位于美国华盛顿以西 35 公里的 Reston 社区

为了增加社区的凝聚力,促进邻里的密切交往,Reston 在建筑排布和社区活动设置上,以市镇中心、社区中心、邻里中心的设计提升了整个社区的向心力,也为社区感的形成奠定了基础。各级中心,尤其是市镇中心和办公功能区,都布置在与外部连接便利、社区容易到达的位置,这不仅节省了居民的交通时间,也加强了居民参与社区活动的意愿。

为了活跃社区氛围,增加项目特色,并为居民提供社区内就业的机会,Reston 设计了尺度适中的街道,改变了寻常美国居住区"地广人稀"的空旷分散,以小巧的街道空间围合出亲切温馨的空间感受,而社区内部的就业机会,也带给更多居民熟悉社区、热爱社区的契机。

收窄缩小的 Reston 街道

　　在街道收窄缩小的同时，Reston 在社区开放空间的处置上却十分舍得面积。多个不同等级的社区开放空间，不仅是社区优良居住环境的构成，也为业主的沟通交流提供了场地和平台，同时尊重了美国中产阶级的行为习惯。与之相应，包括学校、图书馆、家政服务中心、医疗护理设施和风情商业街、社区俱乐部、公共活动交流中心等高品质配套设施，不仅是出于满足中产阶层生活需求的实用性考虑，也是帮助业主完成自身价值认同的必要投入。

Reston 的开放社区空间

　　与空间和物质上的大方相应，Reston 的社区内部组织和活动也相当之丰富，是社区居民生活方式不可割舍的重要组成。无论是以兴趣爱好或者职业专业而缔结的各种俱乐部，还是关照到每个年龄群体的常态活动可谓应有尽有，如健康宝贝俱乐部、老年交响乐团、自行车俱乐部、社区成立周年庆、复活节社区盛装游行等，都渗入到了居民生活的日常，形成了稳定的社区邻里文化，并真正让居民对社区有了从身到心的认同和归属。

老年交响乐团

丰富多彩的社区活动

　　目前，中国城市也出现了"匀质化"的呼声或倡导，但这类声音，多出于房地产商为售卖奢豪产品所做的营销宣传。对普罗大众来说，无论是城市人的高流动性，还是巨大的小区规模下，为加速清盘、提高溢价而将住宅产品"高低搭配"的开发运营方式，都无法保证社区业主有"匀质"的交集，业主之间自然很难产生出志趣相投的交往意愿，价值观上的隔离，远比经济水平上的一致更能"排他"。

　　可以预见，随着城市化的继续推进，未来中国也将产生许多类似 Reston 一样的匀质化社区，"择邻"这种事关精神和人文价值的深层需求，也将对中国城市居民"邻里情感生疏匮乏"的现状造成现实的改变。在这个过程中，地产开发者和城市更新运营者，必须怀有一种正向的价值观，对人际关系和邻里情感的关注和需求，并不是少数拔尖者才有资格被重视的深层需求，而是人人生而有之、天然平等的需要。为每个人、每类人打造他们各自的匀质化社区，人人都孤独的城市人，才可能找到安放自我意志和审美秩序的领地，找到可以同声共气、心神共鸣的知己。

5. 任重道远的人际关系修复之路：坚持"以人为主语"的城市更新道路

　　1993 年 8 月，国际现代建筑协会在雅典会议上制定了一份"城市规划大纲"，此即后来被称作《雅典宪章》的纲领性文件。该宪章基于勒·柯布西耶出版的著作《光辉城市》和国际现代建筑协会在 20 世纪 30 年代早期进行的城市研究内容，提出了城市功能分区和以人为本的思想，是"现代建筑学派"相关观点的集中反映。"有机的城市之各构成部分的大小范围，应该依照人的尺度和需要来估量"，成为影响此后城市规划和建设的人本方法论。

　　《雅典宪章》这一行业自发纲领发布第三年后的 1996 年，联合国人居组织也发布了《伊斯坦布尔宣言》，该宣言强调：城市的成功就是国家的成功，我们的城市必须成为人类能够过上尊严、健康、安全、幸福和充满希望的美满生活的地方。作为人本主义思想的延伸，宣言重点探讨了城市进程中，人与自然、人与人、精神与物质之间的关系，并将城市生活质量视作文明进步或倒退的一种指标。

柯布西耶的光辉城市

　　如今，"以人为本"已经成为全世界的一种价值共识。而在中国，这四个字早在春秋时代就由齐国名相管仲以文字的形式加以明确，其人本思想深刻影响着几千年来中国人的观念与行动，它破除了"见物不见人"的迷障，将作为群体或个体的"人"，摆正到了一切社会行为的核心位置。在中国共产党第十六届三中全会上，"以人为本"更是成为彼时胡锦涛总书记所提出的科学发展观的核心，大国执政的发展思想，也自然自上而下地成为中国各行各业的发展方针。此处的"人"，则是广大的人民群众，"人"即人民。

人是城市更新的原点

从这种立意上讲，城市的建设和更新，是一场涉及公共价值的城市公共事件，必须兼顾整个群体的价值，协调人民之间的关系。城市更新所推动的一切变动。无论是产业功能和城市功能的演进，还是城市经济发展的需求，归根结底，所有需求都是服务人的需求。心怀对人的尊重，从个人、家庭、社区、社会出发，重新缔结一种人与人的和谐亲善关系，以人为本的城市更新方可层层递进，由个人而至群体，最终以流通于大众的内心温度，创造出合宜而温暖的良性社会风气。

格莱泽在《城市的胜利》中提出："城市的主角是居民，不是建筑。"更有趣的是，这本书"How Our Greatest Invention Makes Us Richer, Smarter, Greener, Healthier, and Happier"的副标，更是以一连串的"比较级"，将城市称之为能让人类更富裕、更智慧、更绿色、更健康、更幸福的最伟大的发明。在这里，我们同样可以看到，一切措辞的"隐形"主语是"人"。这也提醒我们，在城市更新这一庞大而又复杂的社会工程中，人是城市更新的原点，也是城市更新的归宿，如果城市的发展和更新无法为城市居民带来归宿感、安全感、和谐的人际关系和饱满的人文气息，其意义也就将止步于"功能价值"。

章节总结

从国家、城市，到区域、社区，邻里是社会关系之中最基础的单元之一。从微处发力，于宏观收效，城市更新要交还给被更新地域原住民和"新移民"的，应是一处能够承载城市人过往生活记忆、让彼此缔结情感关联的社区场景。这种场景，围合了空间的新建筑仅是容器，而能填满其"空荡"的，是人与人之间的日常故事。

下卷

二、融信
城市更新十年探索、案例及未来展望

数读融信城市更新业务

近年来，融信将"平衡发展"作为集团发展要义，将"增量"与"存量"之间的长期性、动态化平衡，视为企业发展的一大关注点。在城市土地资源稀缺性加剧、增量市场规模收缩的时代背景下，融信以独具特色的城市更新，开发并利用存量市场，不断探索新的业务增长点。

从城市红利的分享者，到城市发展的引领者，这是融信对城市更新业务的自我定位，也是融信地产开发业务迈向更高阶的时代演变。在此过程中，融信前瞻性地洞悉到了行业发展的节奏，主动寻求中国地产开发和城市更新"新周期"下，更平衡和稳健的生存发展之道，也致力于以多元化、前沿性的探索实践，以技术更新、布局更新、战略更新等多个维度的创新，助力中国城市的结构性有机更新。

在实践城市更新开发业务 10 年后的今天，融信城市更新项目体量已达到约 1 286.3 万 m²，位居全国前十。凭借多年来累积的良好品牌口碑及成功案例的影响力，融信在目前城市更新业务布局的福州、郑州、太原等地，获得了各区域各级政府相关方和市场的高度认可，成为备受信赖的城市更新参与主体。

项目名称	启动时间	体量
福州世欧王庄	2010 年	162 万 m²
福州双杭城	2014 年	80 万 m²
福州海月江潮	2014 年	15.3 万 m²
福州长乐上江城	2014 年	69 万 m²
郑州时光之城	2016 年	242 万 m²
郑州址刘项目	2017 年	127 万 m²
郑州江湾城	2017 年	247 万 m²
太原时光之城	2017 年	344 万 m²

融信城市更新项目启动时间及体量（总建筑面积）一览

三个阶段的迭代小史

在传统的地产开发之外，目前，融信已经形成了城市更新和 TOD 两大特色开发模式。作为融信的"新"业务及开发模式中的重要一环，城市更新是时代发展背景、地产开发趋势、融信战略"三重决策"下的选择。在中国经济自"高速"到"稳步"的转变下，中国房地产市场正在经历由粗放的规模为王向精细的城市综合运营服务商的时代转型，而城市更新则是融信在"地产下半场"阶段，寻求市场突围的战略举措。历经 10 年发展，融信以稳健有序的步伐，累积了深厚丰富的更新开发经验，也形成了具有融信品牌特征，愈见精细、日趋多元的更新体系。

1.0时代：推倒重来，大破大立
在旧城消融的土壤上，长出全新的城市版图

自 2010 年开始，以福州世欧王庄为代表的高品质"城中村"改造，是融信城市更新 1.0 时代的启序。

在这个当时福州市拆迁改造规模最大、涉及群众最多的旧改项目中，融信大面积拆除了破旧陈败的旧建筑，探索了有别于常规旧城改造的新型模式：将商业、办公、居住、酒店、餐饮等城市功能进行合理的组合，各部分之间构成了一种"相互助益"的联动关系。一座焕然一新的"迷你城市"的崛起，象征着融信城市更新自此具备了系统化的旧城改造开发的能力。

世欧王庄改造前后对比图

2.0时代：去芜存菁，鼎故革新
"拆、改、留"三措并举，示范城市新旧势力的顺畅融合

2014 年启动的福州双杭城是融信城市更新自 1.0 时代跃入 2.0 时代的分水岭。

相较于 1.0 时代，此时期的融信城市更新，显得更"有故事""有情味"。"区别对待"下，大量负载有城市文化与记忆的古建筑被保留和修复，而高端的住宅及商业区也为更新项目带来了新功能，注入了新精神。有拆除、有修缮、有保留地针对性更新，在"保护、存留"旧建筑之"形"的同时，也注重对"内里"文化的研究思考和创新应用。在此类融铸古今的"城市名片"项目中，融信希望达成的，是一切新旧元素有机且顺畅的融合，并能让人们"听见"历史文化与时代精神同未来趋向的无声对谈。

双杭城改造前后对比图

3.0时代：有机更新，全维重塑
搭建接驳未来的"都会生态体系"，打造资鉴城市复兴的中国样板

自 2014 至 2018 年，融信用了五年时间，孵化了福州海月江潮项目。海月江潮是融信城市更新的封面级作品，同时也是城市更新 3.0 时代的肇始。以此而始，融信将城市更新的重点，从物质或空间的拆除、新建、改造，转向了城市价值生态的再构建和城市生命力的再赋能，以现代化的城市规划观，结合区域的生态环境、人文价值、产业经济、人群诉求等，做定制化的"城市内容运营"。

在海月江潮这个典型项目中，可以看到融信对"更新"的理解，已从"修复翻新"的动作，加深至颇具互联网＋思维的内容延伸，以土地、空间、建筑为本体，将各类内容引入其间，合理运持，令万物于此生长为全新的城市生态体系，并为城市的整体复兴，提供发展动能与灵感参鉴。

修复改造后的中平路街区　　　　海月江潮修缮前后对比图

开发模式的更替演进

与时代共进，融信始终致力于为城市和居民提供匹配需求的城市更新服务，从具体项目的现实出发，并结合城市更新领域在技术、理念、模式上的进步，通过"望闻问切"的更新手段，创造出适合各自项目的定制化方案。因而，融信城市更新模式的演进，并不是新陈相替的"覆盖"，而是"寻求最优解"的持续求索和实践。

高速城市化时期下
以旧改为主体的破旧立新模式

城市吁求加时代趋势
在都会的更迭频次中，擎领城市的时代跃升

1. 在城市化过程中，无法适应当代人新型生活需求的城区，不仅包含老城区，也包含规划欠合理的新城区。

2. 在产业升级转型过程中，被淘汰或闲置的产业区、界面陈旧的生活区。

以上两种区域，是融信"破旧立新"更新模式的具体应用场合。

所谓破旧立新，于融信，并非是"为新而新"的哗众，而是根据当地人居、产业的现实状况、社会经济发展水平等具体现实，以旧有的土地为载体，重新打造适应人们需求的生活圈、交际圈、商旅圈。

在此意义上，"破旧立新"模式的城市更新，是为原区域及居民追平滞后的"时代差"，让城市及附着其上的生活、文化、经济形态，再次齐平乃至领先于城市趋势。

世欧王庄改造前

破旧立新模式：

代表项目

城市老旧工业区改造之太原时光之城

城市核心区的旧城改造之福州世欧王庄、福州双杭城

城市新版块的旧城改造之郑州址刘项目、郑州时光之城、郑州江湾城、长乐上江城

新增土地告急的"地产下半场"
催生存量焕新的修旧如旧模式

一边"守旧"，一边创新
对城市旧有文脉的能量赋活，激发城市永续生长的内生力

该模式适用于城市向郊区"摊大饼"化扩张过程中日渐衰落的原市中心等区域，此类区域一般具有地段优越、历史人文价值卓著、凝聚城市记忆及广泛认同等特征，也是未来城市更新占比较大的核心级"存量市场"。

针对此类区域的改造，融信着重"新"与"旧"的平衡，在既有历史、既成文化、现有城市肌理及未来需求之间，不以粗暴简单的"推倒重建"为手段，而是对具备历史文化价值或特定意义的建筑进行"以旧修旧"的修缮改造，并依据城市的整体规划和时代发展趋势，为区域引入多元的城市功能，培植更合理的产业经济结构。

这种"既有继承也见创新"的更新，不可视为单纯的"外力干预"，而是在于以各类举措，全面激发区域的内在生长力，令其重新具备自我复兴的意愿与能量。

修旧如旧模式：

代表项目

城市核心区的文艺复兴之福州海月江潮

海月江潮修缮后

核心观念及运作主张

　　融信城市更新，不止于物质性的改造及运营，亦将以更科学合理、前瞻远见的整体规划，以尽可能低耗高效的精细化、多类别的组合方式，为城市实现空间的生产、功能的复合、产业的优化、经济的提振、文化的传承，也将激活社区及城市的空间活力，引导城市的全新生产与生活方式。

五大目标　十大操作法则
关注城市功能与空间品质
更重视对城市历史与文化的传承及塑造

五大目标

· 新旧并融：开发与保护的一体并存

以带有辩证性的保护性开发思路，降低建设带来的破坏性，通过对旧建筑旧空间进行功能重塑，打破"新生活"与"旧建筑"的二元对立，实现新旧元素的互融和共生。

· 文化导向：城市文脉的时代赓续

从城市的历史出发，高擎文化策略，加强对历史文化遗产的保护、利用和传承，完成厚重历史文化的时代承接与有机创新，并将文化文脉转化为城市错位竞争的独特优势。

· 以人为本："需求即道"的无限尊重

将"人"视为城市更新的核心主语，通过物质空间、经济形态、产业结构等层域的精细研磨，充分满足甚至激发区域居民"个人"及"群体"的多元化民生需求。

· 生态谐一：让城市与自然亲和不悖

重审人的自然属性，在追求整体经济、物质环境与生活质量的改善之同时，对原生自然环境，不形成破坏性的干预和倾轧，并基于原有生态，做"以有余补不足"的人为补益。

· 繁盛赋能：激活城市发展的经济源力

更新之前，产规先行，以未来视角，对更新区域进行产业"会诊"，寻求产业结构优化、升级的机遇与方向，进而以具体的产业导入、调整、运营，为城市创造经济增长点。

城市人文

十大操作法则

· 坚持通盘化、整体化的宏观思考，将更新项目的着眼点、发力点转向区域、城市等宏观维度，避免"一叶障目"的局限片面。

· 充分调研、反复论证，在倾听城市更新所涉及各方利益诉求的基础上，结合城市更新的终极目标，进行切合现实的正确定位。

· 对政府、服务商等参与主体进行充分协调，并明确各自的介入时期、介入方式、合作方式。

· 合理规划城市更新的开发周期，提前剖析更新的重点、难点，划分更新次序，确保后期的流程与进度顺利推进。

· 同步时代发展，借助可持续发展理念及相关技术、材料、工艺等时代性进步，实现旧有建筑的改造及景观环境的再设计。

· 正视现实状况及更新目标，不一味地"破旧立新"，尽可能达成历史文化建筑、元素的保护和城市生活功能需求进化的平衡。

· 注重所在地域的历史文化，并将此类"无形价值"纳入建筑、空间、文化、产业的改造升级之中，实现城市记忆、城市文化的存留保护，构建城市的人文识别度。

· 助力国家政府，勇担社会职责，以产业结构的优化升级和办公、商业、商务等配套的匹配拓展，承担发展经济、拉动就业服务民生的社会职能，成就城市价值。

· 增配城市绿地、公共空间及设施，营造美好的城市氛围，倡导和谐的人际互动关系，培育人与社区、人与城市、人与社会的和谐关系。

· 以"绿色"为底色，捍卫城市生态，以更新项目低碳高效、绿色环保、宜居怡人的生态特性，助力国家生态战略。

城市更新案例解析
修旧如旧模式
城市核心区的文艺复兴之福州海月江潮

古建群落 全球文旅地标
重新标定 福州城市更新与闽商历史的精神双坐标

　　海月江潮，位于国家历史文化名城福州，地属苍霞地块，项目占地 124 亩，建筑体量达 15.3 万平方米，是福建省规模最大也是最为复杂的城市更新项目之一。项目所处位置恰是"海上丝绸之路"起点的上下杭苍霞片区，区域内存有大量文物、历史建筑和名木古树，这便决定着融信的城市更新，必须在历史与文明的厚重集蕴下，以文化守护者、城市革新者的双重身份，将"修旧如旧"和"时代焕新"做到恰如其分的平衡。

　　当旧城改造、古建保护、商业开发三重命题交织于一起，既没有规定规范可以遵循，也没有成功前例可以参考效仿，海月江潮必须走出一条与北京大栅栏北京坊、上海石库门、成都宽窄巷子等主要依靠"官方智慧"所不同的独立奇崛的"孤例"之路。

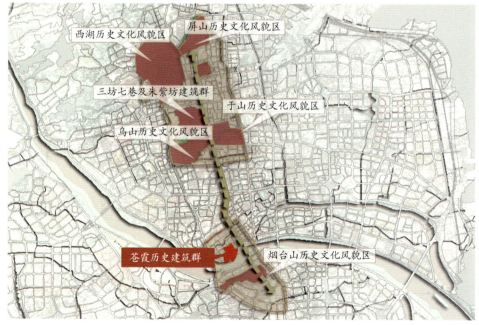

海月江潮区位示意图

海月江潮修缮后

海月江潮修缮后

海月江潮修缮后

德镜弄4号改造前后对比图

中平路98至102号改造前后对比图

中平旅社南望改造前后对比图

解放大桥区域改造前后对比图

融信城市更新的"咏春"打法
短桥窄马发寸劲, 成就闽省规模最大最复杂的城市更新案例

在项目土地出让合同上, 土地性质复杂且不确定; 地形复杂无明确说明; 文物古迹和宗教建筑要如何保护修复, 没有明确说明; 除 7 处保护建筑和 2 处文物点之外, 其他有历史价值的老建筑尚待明确; 古建筑的保护和退让范围, 亦没有明确界定。

因土地性质和古建保护标准未定, 融信在项目的设计和开发上的摸索也极为艰难。一方面, 从街巷风貌到街道走向、墙体尺度、砖瓦色彩, 需要保护的"遗产"既多且杂, 并贯穿了整个开发过程, 其难度之大、周期之长前所未遇。另一方面, 这些古建古木, 均密集而错乱地分布于局促的被纵横街巷分割的狭小场地, 且与周边纷杂的民宅、违建、小商业点犬牙交错、互相"咬合", 无论是保护还是修缮, 都可能与周边的建筑或人群产生牵扯。

最典型的是地块内最古老的建筑已经有 100 多年的"高龄", 那个年代的建筑间距仅有 2.5 至 3 米, 如果按最初的合同约定去保留原来的肌理与尺度, 融信在项目基督教堂和 10 栋文物建筑等文保建筑周边, 也需退让 2.5 至 3 米, 这个距离甚至无法匹配现代商业街区的尺度要求。为此, 融信耗时半年以上, 推动有关部门和专家认可了将退让距离拉升到 5 米的方案, 在教堂的四周, 退让距离更是达到 6 至 9 米。这种类似"六尺巷"故事中的主动退让, 融信为保护历史古建, 让地块从最早的 10.5 万平方米出让面积, "缩水"到了 8.2 万平方米, 容积率也从一开始的 1.46 逐步降到 1.28, 减少的 2.3 万平方米地块可用面积及 1 万平方米建筑面积, 便是今日融信的"让他三尺又何妨"。

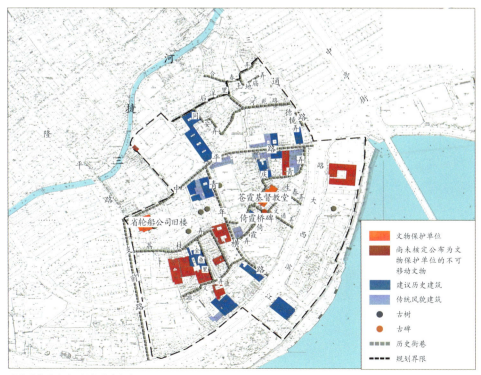

融信逐步明确项目保护要素分布

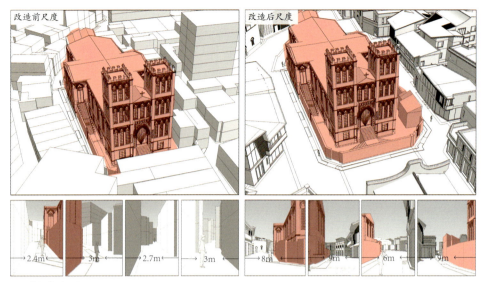

改造前尺度　　改造后尺度

→2.4m←　　3m　　2.7m←　　3m　　→8m←　　9m　　6m　　9m

融信在教堂周边的退让

以文保为准则，以"开发与保护并行"为理念，融信在政府和"名城委"的指导下，协同国内外古建专家团队和设计团队，进行了十余次实地走访和深度探察，以"点对点"的"针灸"式研磨，耗时4年多时间，确定了每一栋楼的文保价值，并在此基础上拟定了保护规则，让每一栋楼都有清晰的价值界定。以24栋历史及风貌建筑为原本，融信修复了福州第一家照相馆、第一家西餐厅、南方日报社旧址、福建官办银元局等，最大限度地留存了古树生态，并运用福州特色建筑元素，复原了苍霞17条老街巷的肌理，唤醒了有关苍霞的城市根脉记忆。

从2014年正式拿地到2018年9月拆迁完成，融信以4年多时间，完成了清晰界定和精准执行。在这个过程中，融信同步推进了政府相关部门对地块的控制性详规进行修正，一份名为《苍霞保规》的文件，成为福州较早的正式的文保建筑规范文件。这也是国内罕见，开发商推动与政府一起，对城市更新与古建筑保护进行标准拟定的先行举措。

恰如中国武术当中的南派拳种咏春拳，融信在海月江潮的更新实践中，以极为精细且精准的更新动作，完成了种种局限条件下的发力。从观念、意识到出手，不见大开大阖，却可在"窄桥小舟"的逼仄空间里，有灵活多变、精简到位的击打腾挪，将"寸劲"的威力发挥到极致。如今，融信海月江潮以"定制文物群落里的盛世宅院"的大成姿态，成为福州城市更新的一个范例，也聚焦着来自世界的观瞻目光。

海月江潮大事记

2014年1月 融信集团以76.79亿元竞得宗地2013-41号台江区苍霞地块和太平汀洲地块。

2018年8月 融信集团举办"流经世界的伟大"品牌战略发布会，海月江潮正式亮相。

2018年9月 在"2018中国房地产企业品牌价值研究成果发布会暨第十五届中国房地产品牌发展高峰论坛"中，海月江潮荣膺"2018中国房地产住宅项目品牌价值TOP10"。

2018年10月 海月江潮成功入选 The International Hotel & Property Awards 2019 国际酒店和地产大奖。

2019 年 4 月 在 AREAA 美国亚裔地产协会、GO ART 联合创立的"2019 国际文化地产大奖"中, 海月江潮斩获 CHINA-NEW 全球地标奖项。

2019 年 4 月 在"第五届 CREDAWARD 中国地产设计大奖"上, 海月江潮揽获城市更新、景观设计、室内设计三项大奖。

2019 年 6 月 海月江潮四海会会址 (中平路 100 号)"全球闽商交流中心"揭牌。

2019 年 6 月 海月江潮全球招商发布盛典。

2019 年 12 月 海月江潮斩获"2019MIPIM 亚太房地产大奖"最佳城市再生奖。

2019 年 10 月 海月江潮获得"中国 14 届金盘奖"年度最佳综合楼盘奖。

2019 年 11 月 海月江潮揽获"2019 年美国建筑师协会国际区域大奖"城市设计类别大奖。

无法用GPS精确定位的苍霞:中国华南商贸文明的肇兴与消沉

上下杭、苍霞地区, 在地理位置上位于屏山－吉祥山－烟台山－高盖山－虎头山这个南北向山体对视的主轴线上, 且在闽江之滨, 从山水格局来看, 这一区域堪称榕城的形胜之地。同时, 作为福州历史文化的重要构成, 苍霞自晚清"海防分府"设立之日起, 即凭借优越的地理位置成为福州贸易中心, 商贾、会馆云集辐辏之所, 令其无可争议地跃升为闽江流域商贸文明的重地, 并孕育出了近现代福州商业的雏形。

至 19 世纪 80 年代, 因英殖民地印度和锡兰茶叶种植业的发展, 福州对外贸易最大宗的茶叶出口大幅减少, 福州的口岸作用迅速衰落。此后, 在清末和民国的动荡政局、军阀混战与抗日战争的战火影响, 及新中国成立后经济政策转向等不可抗拒的时代巨力的轮番作用下, 福州商贸力量终告衰退, 而昔日五口通商时期"百货随潮船入市, 万家沽酒户垂帘"的极盛景象, 也被一一掩埋于沉寂的历史废墟。

17世纪末荷兰画家绘制的苍霞与双杭地区鸟瞰图

而今, 当代人只能在斑驳古建的静默挺立中, 去猜度昔日的繁盛璀璨, 融信自接手之日起, 便担负着唤醒"桑梓之乡"土地荣光、重肇苍霞活力的重任。"于无法被 GPS 定位的历史起点, 再造苍霞迈步未来的时代起点", 还原与焕新, 绝非是简单的"土木工程"可以达成。

自"水路""水巷"的历史源起,探秘街区、街巷的城市肌理演化

滨邻闽江,融信"以水循迹",对苍霞的土地与历史沿革进行了完整的溯源。从汉唐到两宋,再至明清、民国,融信梳理了上下杭、苍霞和太平汀洲地区同闽江水域、港口、城市格局的动态演进关系。"水退城进、港启城兴"的城建史,不仅与福州的城市命运息息相关,也直接作用于该区域的街区、街巷的空间形态。

"水巷演变的街巷",水路河道,对现有街巷的宽窄尺度、延伸朝向和连贯性,均保持着虽隐秘却紧密的关联。这也预示着,海月江潮的城市更新,也将依照现实中的水流和"历史江河"的流向,根据苍霞地区"山-街-河-江"的整体格局与联系通道,对项目的规划布局、街巷道路做前承渊源的复兴。

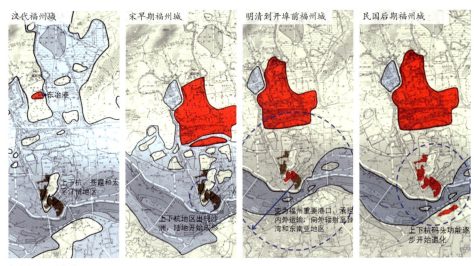

水退城进,港起城兴

街巷之源——"水巷"演变而来的街巷

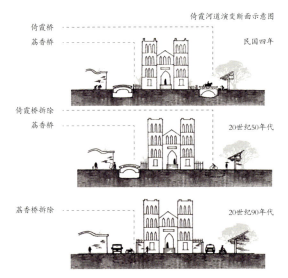

"两轴两带，六节点，多街巷"，确立上下杭－苍霞－闽江一体化格局的新骨骼

为继承区域原有街巷体系与空间尺度所带来的交通活跃度和地区可达性，并以此为现代城市商业和文化中心的再造提供便利，融信在保护与更新方案中，从城市规划层面提取了原有街巷的框架。在整体化有机更新的思路下，融信以7条重点保护街巷、7条一般保护街巷为骨骼，并延伸了新的"毛细血管街巷"，更新之后的区域内部交通网络，实现了人们"在山重水复之中走捷径"的愿望。在更新内部交通网络的同时，融信亦对区域整体空间结构做了因势利导的疏浚与规划。

"两轴两带一片区"的结构划分，让建筑、空间、通道的排布节点与各自的功能使命实现了统一，也以城市层面的宏观视角，定义了项目区域与上下杭、闽江风光带等周边城市板块的关系。从具体空间节点的"点"，到串联区域轴线的"线"，再到"片区"联动周边、辐射城市的"面"，融信海月江潮以"两轴两带一片区"的架构，撑立起了苍霞在"城市一体化"大趋势下，不惧时代浪潮之冲击的强韧骨骼。同时，在景观架构的架设上，"两带、六节点、多街巷"的结构布局，也将区域历史人文与自然景观形成了统一，并以主题化、分区式的打造和呈现方式，构建起了主题鲜明、各有特色、贯穿全域的游憩动线。

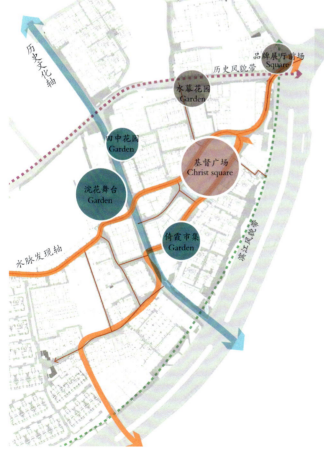

两轴	历史文化轴 水脉发现轴
两带	历史风貌带 滨江风光带
六节点	品牌展厅前场 水幕花园 田中花园 浣花舞台 倚霞市集 基督广场
多街巷	倚霞弄 庆青弄 荔枝巷 金鱼里 敬义弄 文通弄

形成"两轴、两带、六节点、多街巷"的结构划分

街巷原状（左）与保护更新的方案（右）

起底五重文化, 从"碎片式存在"提炼城市更新的历史意象

通过城市更新，复兴城市文脉，是融信与海月江潮方案总设计师申鹏先生共同的愿望。在"读城"之初，融信即认知到苍霞与三坊七巷和朱紫坊在禀性特质上的最大不同：历史上，苍霞的功能几经演替，阶层结构也较为多元，因而它在文化和生活上，也自然具备了多元化的特点。

这里既有本土民间传统文化，也有外来文化，特别是西方文化元素，既有上流社会商贾阶层的绅士生活，也有社会底层普通百姓人家的市井生活和世俗生活。

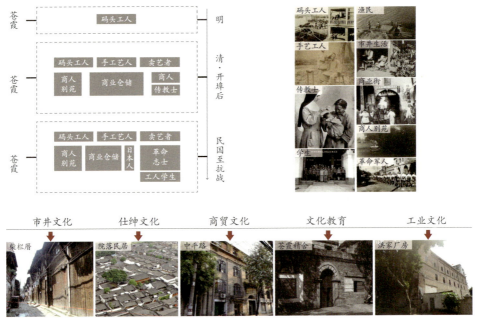

不同建筑所代表的不同阶层及文化

市井文化、仕绅文化、商贸文化、文化教育、工业文化这五种文化的交织，彰显了该地区更强的包容性和平民化倾向。因此，在项目城市更新的考量上，融信希望让贯穿古今的"烟火气，市井味"得到不变味的传承，从这五重文化的碎片中，提炼出完整的历史意象，并将之做绵贯当代和未来的意境再现，让这些经岁月"淬火"的文化温度，被完整而温热地交付于今人和后人。

独创"城市拼贴"手法，成就全场景的浸润式城市人文表达

为了使百年苍霞所积淀的不同时代交叠共生的文化，参与到未来的城市化发展，融信在本次更新中创造出了"城市拼贴"的新旧建筑空间处理手法。其所呈现的，是既非强调结果的"现代化街区"，也不是完全不做改动、照搬承袭的"古建保护区"，而是通过富有时代感的重组整合，以多样化的社区景象和空间形态，表达福州与苍霞的人文百态。

用景观互动的设计手法，在相同的坐标位置，让更新所建的新建筑与历史景象产生微妙的重叠。同时，融信也把苍霞原有的人文元素，如古榕树、茶亭、戏曲等融入到现代社会的语境，使安宁的居住环境与热闹的商业氛围、人文旅行的体验与自然景致的享受都可兼收并蓄。

在纵横街巷之上，将不同业态置入各自"组团"，这种拼贴下，既有相同业态集群的聚合，也有不同业态的分散和呼应，借此，融信在维护区域原有场地形态的前提下，实现了城市空间的商业价值再激活。

拼贴／功能杂糅

食、旅、场、汇、茶、学的6重形态的分区规划

闹中取静、大隐繁华的居住片区规划

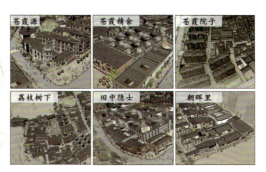

125

拼贴 / 空间针灸

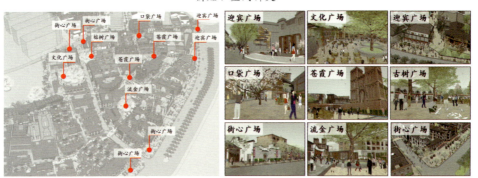

设置形态多变的开放空间

　　以新旧混搭的更新，实现苍霞地域的"古今"共生，其核心宗旨在于，以多元的场地文脉重塑场所精神，以多元的建筑形式输出创新的建筑语言，以多元的功能融合构建有鲜明苍霞特征的主题化城市体验。因而被保留、修复的文物古建，在更新之后的当代苍霞，并不是错乱了时代轴线的强行"插叙"，而是历史在此地的沉淀和结晶，它们见证和记录了苍霞是如何抵达今朝，又将以怎样的姿态面目去迈越未来。

拼贴 / 新旧共生

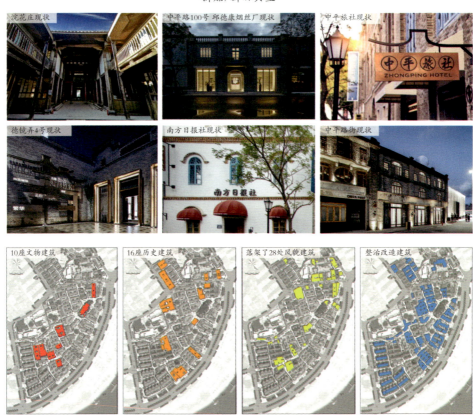

海月江潮古建更新分布

街巷整治改造

庆青弄

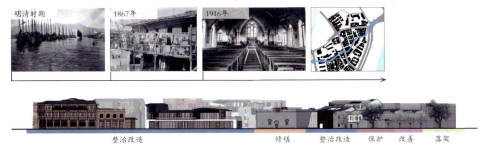

后洋里

倚霞弄

民国建筑、柴栏厝建筑、传统院落建筑,不在博物馆的闽江建筑原风貌

作为闽江建筑文化的一个典型存在,苍霞地区存有以民国时期建筑为主的多元建筑类型,传统大宅院落、柴栏厝民居及具有西洋建筑风格的商业单元和教堂散落并布,宛如明清至民国时代的建筑谱系的鲜活"截面"。风格的多样并存,再加上教堂、烟行、酒店、报社旧址、娱乐场所、旅社、钱庄等不同建筑各自的立面形制、材料、风格大相径庭,如何让整个项目尽量统一成为一个大问题。

为此,在城市更新实践中,一方面,融信对古建进行了单独编码,并一对一地出具了针对性的保护修复方案，并耗时集结起包括设计了故宫紫禁书院的国际知名设计师梁建国先生、福建省工程勘察设计大师严龙华先生、修缮了鼓浪屿八卦楼的木作大师周成西先生、参与三坊七巷修缮的雕花大师郑智武先生、参与台湾大庄慈云寺修缮的墙缮大师王清良先生等在内的大师和匠人团队，对古建进行了一比一的复原式修缮翻新，最大限度地还原古建的当初原貌；另一方面，为了让古建与现代规范相符合，融信及合作的国际设计机构 JWDA，将古建作为核心，对周边的道路、露台等做了更适宜当代消防、应急措施的规划调整。

至此，这 24 栋蕴藉历史烟云的古建，不再是衰朽的、被"凭吊"和缅怀的落灰旧物，而是归为历史原型又散发出时代精神的"城市展品"。福州第一家照相馆、第一家西餐厅、南方日报社旧址、福建官办银元局乃至株株古树，都成为同时存在于具体城市土壤与福州人心壤之上的榕城文化根脉。

与"保护"呈平行关系，融信海月江潮在产品的打造上，对闽江建筑文化进行了合理的创新和应用。将柴栏厝、中式院落等元素从老建筑中提取出来，使平面功能适用于现代需求的同时，创造出新旧相容的立面表现，唤醒苍霞的形象化记忆，融信海月江潮最终呈现给世人的，融合了艺术、商业、文化为一体，既是"有型有感的历史风貌保护区"，又是"活力十足的城市街区"的特殊建筑群落。

柴栏厝：福州常见的一种沿街木屋，下店上宅，商住结合，"柴"即是"木"，"厝"即是"屋"。

中式院落：中轴对称，以三面或四面围墙院落围合而成，可一字排开形成多进院落，三至四进为上限。

民国风：为西式现代立面，内部为中式合院，外墙以青砖、红砖为装饰，融合中式传统审美、传统生活方式及西方文化，体现中西合璧的建筑特点。

柴栏厝　　　　　　　　　　中式院落　　　　　　　　民国风

現代民国风——体量感

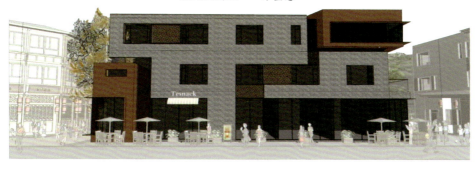

青年横路

現代柴栏厝——轻盈感

庆青弄

現代中式——轻盈感+院落　　　　　　現代典雅——体量感+装饰

江滨西大道　　　　　　　　　　　　　　　　江滨西大道

以原有建筑形式为基础的现代民国、现代典雅、现代柴栏厝和现代中式类型的建筑立面表达与应用

古建修复与更新，打磨建筑表里的光阴故事

中平旅社古建修复

中平路 63 至 65 号，嘉宾洋菜馆（中平旅社），北邻上下杭历史文化街区，南临闽江，与闽江南岸的烟台山隔江对望，东临八一七历史文化中轴线和中亭街商圈，东南与解放大桥相连，西与苍霞新城相接。

建筑为独栋砖木结构，风格为西方现代式建筑，总建筑面积 1 303.65 平方米，原有 3 层，后又加盖，变成 4 层，高 16 米。面阔五间，进深 14.6 米，中央为过厅，左右各有二间房间。建筑建成较早，与周边的人文环境结合较好，地处近现代建筑分布较密集的地方，保护级别为福州市建议历史建筑，具有重要的历史价值，是近现代历史风貌街区的载体。

根据专业勘测，建筑整体结构保存完整，但屋面西部有坍塌、漏雨、沉降不均等现象；木构件因年久失修及缺乏保养，梁架均出现不同程度的歪闪、变形；局部墙体出现坍塌，木制门窗和顶冠带等出现破损，建筑内部装修损坏严重，部分空间经过改造，装饰构件已严重损坏。本次海月江潮古建修复团队的工作重点在于，一是对现有外墙范围内的建筑本体进行修缮，包括拆除后期搭建部分，对结构进行加固维修，对局部改建进行复原，补配缺失构件等；二是拆除依附在外墙上的植物，整理建筑外围环境，从而最大化还原建筑原貌及氛围。

中平旅社部分前期勘测残损照片

1. 北墙面有瓷砖贴面，门洞封堵；罗马装饰柱损坏较严重，墙面长草，窗户破损严重　2. 西南角墙体坍塌，窗户破损严重，导致西南角屋面及屋架坍塌损毁　3. 南立面损毁严重，左侧墙体坍塌，窗户破损严重

4. 一层楼梯踏步损毁严重，木柱槽朽　5. 三层西面部分吊顶破损，墙面抹灰脱落　6. 屋架无上人孔，吊顶部分掉落

福州传统建筑中结构用材基本是杉木，福州建筑中有"风吹千年杉"的说法，杉木在通风状态下，可以使用很久而不损坏。福建多山林，闽地福杉圆直、修长，福州传统民居都是以它做穿斗式木构架，其质量优劣直接影响整个工程的最终结果。传统工程中所使用的木材，因采伐含水率过高或水分分布不均匀，原木通常要存放1—2年才可使用，另外，用于重要木构件如房屋檩材、横梁等受剪应力的构件，都需要用9—11月份的秋材，避免虫蛀、含水率偏高等问题。

福杉原木来了

海月江潮在拟订本次古建修复的整体方案之后，特别遣团队到闽江上游福杉生长丰富的地方统一购进一级福杉原木，并建立融信自己的储木基地。为达到传统建筑结构用材的水准要求，团队采用更为传统的采伐运送方式：树木砍伐后，树干扎成木排，沿闽江顺流而下，一路至下游福州。放排、储木的过程都在闽江之中，同时完成了木材的脱脂过程。脱脂后的木材，匠人观察其质地、成色，并按照使用需求进行重新编号，令每一块木材都有了自己的身份，随后在融信的储木基地进行长达两年的通风、脱水，直到使用的最后一刻，它才成为一块优良的结构材料。

其次，是建筑中的瓦砖修补。福州传统建筑"砖瓦作"历史悠久，早在秦汉时期，砖瓦技术就十分成熟，大量运用在宫殿建筑之中。唐宋时期，砖瓦技术达到一个巅峰，唐末的夹城、月城以及宋代的外城均采用城砖砌筑的城墙外皮。在明清的传统建筑中，可以看到大量的砖墙、青红瓦，因此中平路63至65号需使用大木作及砖瓦作进行配合，才能还原清末民国时期完美建筑体。这些匠作以人工或自然无机物为材料，用来保护木作不被自然环境破坏，同时也具有丰富的人文气息。海月江潮对建筑墙体的大量破损砖瓦进行修补，从选土到选窑再到修复，这一过程前前后后历经6个月余。

为保证后期修补的青砖颜色质地与原建筑保持一致，青砖需由工匠现烧制，烧制青砖的黏土土质需是细腻、干净的淤积黏土。团队通过走访、比对，最终选择福州闽侯文山、连江山堂两处传统烧制黏土砖瓦之地，两地黏土质量比较好，烧出的青砖在福州均属上乘。

烧瓦的过程则更费周章。烧瓦的黏土需要含砂量较多，一般不采用普通黏土，团队为此高价定制一批传统"黄洲土"烧制的瓦，即只选用稻田底部的黏土，取出后将黏土放在砖石砌筑的蓄土槽中，反复凿踩，使泥质更加均匀，直到手捏、甩到墙上不会散，放在阳光下不会裂开为止。

砖瓦烧制过程需 15 天，其中有一道工序"经水"必不可少。海月江潮团队在定制之初，即要求请传统砖瓦烧制匠人监督进行烧制，不可省略任何一个环节。"经水"是烧窑的一道古老工序，又叫"天水雾转"，在烧窑时，不断在窑顶浇凉水，由于窑里的温度有 800－1000 摄氏度，凉水会迅速生成雾状，均匀地笼罩在每块砖瓦上，水在高温下分解，将氧化焰转变成还原焰，在还原焰的作用下，使红色的砖瓦转变为青色的砖瓦，并使砖瓦更坚固。"经水"是保证砖瓦与原建筑颜色质地一致的关键而微妙的一步，非老工匠不能完成。"经水"时间持续了 10 天，冷却后才可开窑。

建筑的木构件修复也是一大挑战，中平路上的古建群，空间内部的木构件珍贵、零散，匹配度十分低。工匠团队须仔细研究大量古建的构建，分成几百个小项，然后对每一个小项进行编号，富有经验的匠人强调："修复部件，尽量不用现代材料去模仿古旧部件的制作，过度地使用铁钉和木胶，这样房屋在三五年内就要二次维修，反复维修，也是对古建的一种破坏。"

修缮过程

中平路 63 至 65 号内的很多部件几乎每一个都是独一无二。在海月江潮的构件仓库中很难找到匹配度很高的木构件，而且都是不用一颗钉子的榫卯结构，大部分复杂的榫卯结构都难以用机器成型，必须是有经验的匠人费时手工制作。海月江潮修复团队里不乏水平高的老匠人，凭借代代传承，长达四五十年的实践，他们对木构件的认知、打磨和保护经验超越了常人的认知范畴。他们可以掌握每一种木材在漫长的岁月中，不同的气温、干湿度条件下的膨胀和收缩规律，甚至经由他们双手打磨出的木构件，可以在百年间始终保持如一的强度，甚至不会被水、油等侵蚀。

对于建筑中原有的雕刻精美的构件，匠人有一套冗繁的保护方法：使用包敷法，以增加接触面积和反应时间，并减少有效反应物的挥发。用脱脂棉花摊薄包裹构件，镂空与雕刻凹处都应填塞，由匠人亲自调制温和的保护清洁剂，在棉花表面喷洒，保证均匀吸收。随即使用保鲜膜紧紧缠绕包裹，反应 10 至 15 分钟后即刻拆除棉花包敷，使用大量纯净水，并只用上好的羊毛刷清洗，直到测定残留在构件上的水 pH 值是 7 为止。修复团队中的两位师傅以这样的方法，用三个多月的时间，对中平路 63 至 65 号内总共一千余个大小木构件进行了清洁和保护。

邱德康烟行

作为古代海上丝绸之路上的重要枢纽，福州的传统商业建筑历经明清时期的高峰发展，已相当成熟，尤其是作为烟草与茶叶的重要市场，福州繁华地段用于商号、洋行的临街商业建筑，在民国时期大量涌现。福州传统的商业建筑多为二到三层，底层为销售场所，后面为加工作坊，楼上为住房。民国时期的大型商户多采取多进院落，作为商业活动场所，后方院落各有分工，或工房，或住宅，或仓库。多进的院落，其功能分割较为清晰，互不影响。

中平路 100 号邱德康烟行，建筑为砖木结构，面阔3间，2 进院落，总占地面积 365.28 平方米，通面阔 6.75 米、进深 13.15 米，建筑整体结构比较简单，但在历史中损毁较严重，仅存三面承重墙。在本次保护修复工程中，需严格遵循历史线索，进行地基重勘整理，墙体重砌，木构架修复，完整复原建筑原有风貌。

邱德康烟丝厂部分前期勘测残损照片

西面墙体 1

西面墙体 2

北面墙体

东面墙体 1

东面墙体 2

除东西北三面墙体残存，其余部分均被误拆

坐落于福州三坊七巷与上下杭的民国建筑虽多，但学校、洋行、民居各不相同。中平路 100 号建筑的初建时间虽无可考证，但无疑是五口通商后茶叶烟草贸易带来的福州商业繁荣的结果。这个时期的福州商业建筑虽然西化，但仍最大限度地保留着传统建筑的形制、筑造方法及工艺。海月江潮古建修复团队沿着近代福州商业发展脉络，走访近 200 座民国建筑，拍摄 4 000 余张照片，逐一比对、甄选，为中平路 100 号找到一个理想的复原方案。历经两个多月的图纸绘制，从屋面结构到墙体工艺，再到每一处装饰，都最大限度地还原了历史中的建筑样貌。

近代砖木屋面的支撑系统比较多样，但做法相对简单、粗糙，为让建筑更具备抵御百年风雨的能力，在保留传统民居桁架结构与衔接形式的基础上，修复团队采用更为大型建筑常用的屋架内部梁架锻造手法，让整体效果更为精密、严整，构件加工更为精细，用材更为坚固。

另一方面，现代混凝土带酸性，埋入土中会影响周边古树植被及土壤环境，在木结构打造中，团队坚持采用原有木材。团队提供了超过 20 种木材的选择方案，然而福州属于亚热带海洋性气候，潮湿的空气会对建筑木结构产生明显的影响，为此团队特聘请福州当地匠人，咨询每种木材在漫长的岁月中，不同的气温和干湿度条件下的膨胀和收缩，在团队磋商中，确定使用杉木作为木结构打造的最终方案。

紧接着是建筑的墙体修缮。夯土墙，作为福州民国建筑中常见的山墙形式，底部需打造 80 厘米厚度，使用土坯砖与青砖混合砌筑，然后逐层向上收分，在顶部做女儿墙造型处，再用青砖垒砌。为使内外墙面的历史痕迹得到保留，团队采用半旧的处理方式，使用福州传统建筑常见的乌烟灰及白灰进行墙面抹灰，既保留民国时期建筑的基本样貌，体现历史感，又可在年深日久的使用中牢固可靠。墙体中的窗扇，经考证，中平路 100 号建筑原为双扇对开玻璃窗扇，整座建筑须全部重新构建窗扇系统。修建团队通过对比同期建筑形态，以及对中平路建筑样本的论证，最终高度还原了每一个空间的玻璃扇窗和漏花窗。

在内部构架的处理过程中，新构件做旧配比出的色汁，其均需福州本地原料，配置 3 种不同浓度的色汁。将红茶 1 两、黄芪 1 两、研磨墨汁适量、饮用水 3.5 公斤四种材料煮熟，待原有色汁冷却后均等分为三份，第一种为深浓度色汁，第二种为中浓度色样，第三种较浅色样。再根据木材的吃色能力确定涂刷方式，涂刷不同浓度的色汁时，其色泽要与原有旧木材保持相应的统一，不得深于原有旧木材的色样。

海月江潮古建修复团队认为，今时我们所看到的"新古建"，多数仅有其形却无其神，其本质就在于标准、比例的不严谨。修复团队主创来自于木作世家，家中老人听说建筑修复一事，专门拿出了祖传的"营造尺"为修复所用，大到一梁一柱，小到一毫一厘，正是有了对尺度的"计较"，才有了这座建筑最合宜的"神韵"。

中平旅社修复前后对比图

邱德康烟丝厂修复前后对比图

官银局修复前后对比图

南方日报社修复前后对比图

浣花庄修复前后对比图

ASIA体验式街区：让身心穿行历史的沉浸式游憩旅居目的地

在本项目的更新实践中，海月江潮独创性地提出了"ASIA 体验式街区"的营建概念，以此作为"填充血肉""注入灵魂"的理念支持。Art 艺术、Scene 景区、International 国际化、All purpose 全能性，这四重法则不仅在大的层面上规范了城市更新的方式方法、风格方向，也成为衡量业态布局、空间分配、配套配置等具体执行动作的纲要标准。

把苍霞原有的多样化空间功能融入到现代社会的语境下，以商业、文旅、居住犬牙交错，取代"分区明确排排坐"的混合，从而使居民同时享受到安宁的居住环境、热闹的商业氛围、人文旅行的美好体验、优美怡人的自然景致，这种业态高度混合的"空间形态"，即是 ASIA 体验式街区的魅力所在。空间街区化、体验人文化、功能复合化、尺度人性化的典型特征，也让融信海月江潮成为可以代言苍霞乃至福州"未来城市生活"的一处范本。

漫步这一街区，无论是原住民还是游客，均可以在闲适放松的状态下，体验到典型的"中平路的一天"：大小不同、功能各异的公共开放空间，既有当地居民的生活气息，也有外地来客的"文艺朝圣"。嬉闹儿童可以与路人共享一张街边长椅，游人与做礼拜的信徒同时在教堂出入。而到了夜间，白日里孩童的游乐场，又成为街头的曲艺广场和各色小食摊点的集散地。在古今两重文化的背景色下，在这充满着可能性，充溢着苍霞"码头精神"的开放型共享空间，人们构建起强弱亲疏的不同关联。城市的活力和声色，便在一声声的笑闹里，在各自的心底里，漾出了情绪与思想的涟漪。

中平路街区修缮后

破旧立新模式

城市老旧工业区改造之太原时光之城

两个时代的"坐地"跃迁
从工业世界的附庸社区，到现代都会的公园艺术区

　　"借问酒家何处有，牧童遥指杏花村。"晚唐诗人杜牧这两句千古绝句，以一竿酒旗、杏花村落，描绘出的是存留于农耕田园时代，真实矗立于大地之上的"桃源"与"天堂"相糅杂的实体形象。

　　同样以杏花为名，山西省太原市杏花岭区，则是在 1998 年于原北城区基础上建立起来的，堪称集中了中国北方工业城市"群像"之典型特征的城乡一体化城区。

太原工业区

　　建区 30 年，在这一片土地上，三个时代并非如历史教科书所描述的一般有清晰明确的"交替"，它既保有农业时代的部分风貌，更具备传统工业厂区之下厂矿生活区的主体结构，而在当下，它更是急促地面对着城市化与信息智能化的冲击。它所亟需的是出现一种助力，以帮助其在免于"沉沦"的同时，更让这片土地所承载的一切，重新进入到这个时代的发展及竞争的主赛道。

城市转型与区域自救的呼声
不甘与工业时代捆绑的城市命运

时光之城项目，位于太原市内城的杏花岭区。与太钢为邻，这一区域，正经历中国工业时代下城市转型的困境与阵痛，因太钢而兴的该区域，其命运也与太钢形成了紧密的捆绑。在产业结构升级已成主流的时代背景下，太钢等支柱性产业的衰退，带来了影响太原市的经济困局。此外，伴随着长风街、晋阳湖等太原新兴板块的崛起，也以外部性的参照衬出了北城的衰朽没落。

在城市建设上，除太钢等工业单元之外，区域内住宅的"时间线"，基本也停顿于20世纪80年代，其格局、功能、理念日渐落后。环境污染、产业衰退、中心没落、建筑老化等"伴生症状"的密集出现，催生了城市更新的急迫感，在此背景下，融信的进驻恰逢其时。

时代愈快，其行愈慢
10年为期的长效化、整体化更新思路

2018年，融信正式成为这一地块的"操盘者"。基于地块占地约1 200亩的庞大面积及区域复杂的现实状况，融信主动拉长"战线"，在地产行业奉行"高周转原则"的境况下，以近乎孤勇的"顽固"，确立了"开发10年、横贯3个地产周期"的基调。这是出于对城市长远利益的尊重，也意味着融信将承担起城市的寄望与时代的使命，根据城市的规划变动与时代的发展趋向，时刻校正城市更新的方向，从而以整体化、精细化、即时性的考量及动作，确保这一庞大的更新项目，成为能给予中国北方工业城市的规划建设以灵感资鉴的"都市公园艺术区"。

344万平方米体量
容纳3万户、10万人的未来魅力之城

时光之城总建筑面积约344万平方米，其中开发区建筑面积约233万平方米，安置区建筑面积约107万平方米。

未来，这一城中之城，将成为近3万户人家、10万居民的魅力之城。在肩负助力太原转型跨越式发展的"城市担当"的同时，时光之城也自然担负着为太原打造城市理想人居的使命。在保留太原这一重工业城市以"钢与火"铸造的"城市温度"的前提下，融信将以品质住宅、主题商业、艺术公园及基础教育配套等，全面满足人们未来生活的需求。

时光之城改造前后对比图

环境更新：涵载四季与城市记忆的"壮丽一公里"与"三条项链"

从类似《钢的琴》片场一般的粗糙陈旧，到精致现代的都会艺术中心，融信对区域微观环境的更新，仿若更改了城市的"图层"。

融信以"三环一轴"为空间节点，更新城市艺术界面。"一轴"指"一公里归家路"，在这一公里的距离上，融信植入了樱花、杏花、桃花等大量植株，打造四季变化的自然之美。

"三环"的同心圆结构中，一环，为串联森林公园、太原动物园、采薇庄园、青龙古镇、南寨公园等城市公园的最奢昂的"项链"；二环，是融信将社区绿化按照城市公园设计理念，以林荫道为链，依据生态修复原理而打造的开放式艺术公园，连同认养农场、峡谷公园、雕塑艺术园等组合而成；三环，则是如蛛网般细密的骑行环线及彩虹跑道。这一方圆的"小天地"，亲和于居民，且与人充满互动黏性的全新环境，既未切断土地与过往的关联，又确立了一种人与万物的崭新秩序。

无论是原住民，还是"新移民"，在这里都可以确切地感受到"新"与"旧"的交织融合，从功能、体验到氛围、气质，"新"的种种不是异质的入侵，而原有的时代断层得以圆润且饱满地弥合。

规划骑行环道及跑道

规划城市公园

规划峡谷公园

配套更新：理想生活元素的"合集"

通过对资源密度的紧实，作为创造美好生活的主要手段，时光之城改变了区域资源失衡的旧状。在外部资源的调动上，时光之城可与北中环商圈、太钢工业园产业区、华夏文明产业园区三大价值板块进行紧密的联动，而三大城市生态区、都市生态休闲区、城市级公园，也成为项目可就近支配的"资源库"。在项目内部资源的统筹和布局上，融信以"三大明星配套"实现了比照周边区域的"逆袭"：City Walk 概念主题商业、一贯制教育、"拾光"艺术中心这三类具有未来生活场景感的周全资源配备，基本实现了"理想生活元素"的均衡覆盖。

规划商业街

主题商业

重点打造具有"地标性、风情性"的 City Walk 概念主题商街。拥有主题感、文化感的商业阵列，由步行商业街、十字街区、中央生活轴构成，将是区域的未来地标。

一贯制教育

以引进和代建的方式，为社区带来了优质幼儿园、中小学及少儿素质培育基地、一站式亲子游乐空间、成人教育等丰富教育配套，弥补了项目所在板块在原有教育资源上的不足。

"拾光"艺术中心

打造"光"艺术馆，展示以工业风格为主体的艺术展览展示，并与太钢文化、北城文化对话互动，创造为项目发起和主导的城市级文化 IP，并以此为契机，不定期举办工业文化节，搭建邻里中心，促进社群建设。

艺术中心外部

艺术中心内部

街区更新：从冷峻的工业气质，到沉浸式的艺术体验

作为一个资源工业城市，太原在城市规划建设上不可避免地被烙印上了我国计划经济时代的"工业风"特征，在重生产轻生活的规划观念下，城市布局过于"整齐划一"，建筑排布不合理，高密度住宅区与"无用的空旷"并存，城市道路尺度宽大，偏重于通行功能而疏远于人的日常交际。

以"解铃还须系铃人"的思维，于街道重新唤回太原的城市活力，融信不仅对区域的空间及建筑进行了重新设计，调整了街道的尺度，也以艺术为主旨，对街区空间进行了重新定调。在时光之城的更新过程中，融信选取了适宜于工业街区改造的"沉浸式"艺术理念，在开放社区街道宜人间距的同时，以大量的铺装、雕塑小品、绿植及商业外立面改造，进行了合理的调和，打造出了大量景致优美、风格现代、能吸引人"走进去"并驻足脚步的体验式街区界面，以感观之"美"引发城市心灵的柔软触动。

规划商业街区

路网更新：时效距离的缩进，改写社区与城市的疏离

在空间距离无法更改的现实下，交通的效率即是一种变量。通过更迅捷、更高密度的路网与公共交通方式，可有效压缩社区与城市、城际的通达时间。

为实现这一目的，时光之城根据 2017 年太原所规划的交通路网，充分利用太原已有的高速公路、快速路和主干道，构建板块立体化交通网络，对此类城市路网进行接驳，区域与周边的连接线、通达性均有显著提升。高速公路、快速路、主干道、计划于 2020 年通车的地铁 2 号线等公共交通的"交通密集矩阵"，社区与外部世界的关系，也将由此变得更为紧密。

规划路网更新

"时光之城"的实践经验
对北方工业城市更新，有无普适性

太原只是众多中国北方工业城市的一个缩影，这些城市，都因产业结构的单一和老化、城市规划的"老态"、功能及资源的短缺、人才居民的"离心"外流，显现出了亟待更新的紧迫感。

对融信集团而言，时光之城既是一次刚刚开场的实践，也是一次探路北方工业城市更新路径的"试水"。以 2018 年 5 月融信进驻太原，启动谷旦村、柏杨树、南宽村三村连片的城改工程为"开始"，周期跨度达 10 年的更新，远称不上是一个当下就能做出定论的"成品"。在"全豹"露出身姿之前，"窥斑"所见，又有哪些可以成为后来者的资鉴？这个鲜活的、正在进行中的现成案例，或许有以下启发可供参考。

"钢与火"铸造"城市温度"

静态保护 VS 动态更新的思辨

对待工业遗存，要有恭谦之心，这些工业建筑曾是新思维、新技术和新生产力的"先进代表"，历经时光，它们已经成为一种城市记忆、城市文化的构成。在更新过程中，针对此类兼具物质和文化价值的存在，相比于"一刀切"的整体保护或拆除，更合理的是予以谨慎保留，从而凝聚原住民对区域的亲近感、归属感，这也是延续城市性格、塑造城市文化特色的必经之路。

商业利益 VS 民生价值的取舍

一般而言，工业区的基础设施和配套较为完善而集中，并具有核心区位、交通枢纽的优势，其弱势在于建筑陈旧、密度大、公共空间少、生活环境质量较差。因此，改善民生环境是更新主体不可回避的使命，而对经济效益的诉求也是更新主体的商业本能。如何在拆迁成本和容积率的要求下，在边际利润更高的商业项目和区域功能调节上做到更好的平衡，在不减少区域街道、公共空间面积等前提下，实现改造更新的突破，也需实践者慎重对待。

单一功能 VS 多元业态的铺排

城市更新产业的引入或调整，不可一味地求新却忽略了城市原有产业结构的长远规划。产业策略上，应正视工业是区域经济支柱产业，在一定时期内不适合大规模置换的现实，在维持工业区原有功能的同时，以更稳妥的方式对区域经济产业进行合理升级，并对部分用地结构不合理的土地进行用地性质的重新设计，增加部分商业用地，提高土地利用的边际效益，以对土地的复合利用，推动功能融合、产城融合，令生产服务、行政办公、商品零售、住宿餐饮、商务金融等多元业态混合为更具活力的全新城市生态。

破旧立新模式

城市核心区的旧城改造之福州世欧王庄

福州最大危旧房改造工程
新都市主义巨型建筑综合体的尝试

世欧王庄，位于福州市晋安区。根据福州"东扩南进、沿江向海"的发展战略，项目所处的晋安区，是福州市政府"东扩"的重点方向。早在2009年9月，晋安区对王庄片区全体住户进行了拆迁问卷调查，超过90%住户表示了支持。随后，经福州市政府研究同意，王庄危旧房改造项目被列为2010为民办实事项目，同时也是福州市"五大战役"之一的"民生工程"的重点项目。

晋安河

2010年3月29日，王庄危旧房改造动迁正式开始，不到半年时间，项目完成99%拆迁任务。2010年11月13日，项目正式动工。

作为当年福州最大的旧城更新项目，王庄项目也是融信介入城市更新的首作。借由这一建成后可辐射整个海西，各类城市功能高度复合的大型城市综合体，融信收获了城市更新业务的"准入证"，并"跳过"了"跟随和摸索"的过程，直接积累起了运作超百万方城市级高端综合体的宝贵经验。

世欧王庄改造前

145

时代的雕琢, 基于350年时光轴线的历史肌理

王庄, 本意为"王的庄"。350 年前, 清朝三番之一的靖南王耿精忠的藩王府邸于此兴建, 由此, 历史对此地行使了数个世纪稳定的"冠名权"。若将时间线再次前移, 公元 1183 年, 理学大师朱熹曾于此授课讲学, 以讲堂胜境里的儒家文墨润色了岭南的蔚然文风。如贯穿王庄的长乐路, 岁月的轴线, 串联起了王庄兴荣更迭的故事, 也将历史的骄傲历练为王庄的坚密风骨。对土地背后历史与故事的品读, 让融信的目光穿透了城市的表层, 唯有那种可以"接驳历史与未来"的规划, 才可以为此城此地重塑格局, 再展襟怀。

世纪交替, 繁华转身, 30岁的王庄为何"垂暮"?

自 20 世纪 20 年代, 王庄机场兴建, 福建第一条机场跑道落成, 福州真正意义上的现代化城市之路于王庄启程。至 80 年代, 与永兴服装厂、腾飞工艺品厂、机械配件厂、建筑涂料厂等街道工业同步兴起的, 是数十栋五层的单元楼。彼时的王庄新村, 以领先市场的住宅面貌摘得了"全国文明住宅小区"的称号, 并成为当时福州人心头的骄傲。而夜幕下的繁华夜市, 更以其灯火生色, 让王庄与东街口成为并列存在于老福州心中的城市繁华地。

但在 30 年后, 被城市高楼、新兴社区"包夹"的王庄, 却被飞速的城市化抛在了身后。王庄原住民开始选择新的社区, 王庄的房子或者留给老人, 或者是转手租卖给附近的商家或外来民工。原住民的外流, 进一步让王庄变得脏乱陈旧。这里成为福州城市化进程的一个过渡, 老迈的不只是以钢混为主的社区建筑, 更是整个王庄的"沧桑"。在改造之前, "城中村"的标签带给这一往昔繁华地的, 是原住民内心的一声声低沉叹息。"暮气"横秋中, 王庄的人文骄傲似乎进入了"休眠期"。

王庄的"沧桑"

381亩、7653户拆迁户，福州最大旧改项目的破局

2010年2月4日，王庄被福州市政府列入重点旧城改造项目。这一当年福州最大的旧改项目，引发了全城乃至全国的关注，而因其体量庞大、牵涉拆迁户总数多，也被媒体一致总结为"难啃的骨头"。

为了让拆迁户顺利回迁，融信以"改善民生"为出发点，将公共利益作为衡量本次旧改更新的标准，对占住宅总面积43%的安置房，予以"先行规划、先行建设"，并以"安居"替代了常规的"安置"，将建设商品房的标准和用心，投入到了超过60万平方米安置房的营建中。

以此为始，带着7653户拆迁户的期盼，总占地约381亩，建筑面积约162万平方米的浩大城市更新工程，顺利进入了正轨。

世欧王庄现场施工图

安置房建设全面启动

"新都市主义"城市命运共同体：常识之外的融信尝试

相比于此前融信所熟谙的传统地产开发，王庄城市更新项目，是融信在"经验的舒适区"之外的试水。

带着"全生命周期大盘"的通盘规划和打造新都市主义共同体的初心，融信仍带着历史余温的故

土上，最终"长"出了 42 栋超百米摩天建筑群、5A 级双子塔写字楼和 12 大功能分类街区。被焕新的王庄，也在 21 世纪的第二个十年，再一次实现了与外部城市资源的有机结合、交通系统的有效联系，重新被归入福州主流的"都会命运轨道"，而其复合了居住、商务、出行、购物、文化、娱乐、社交、游憩的丰富城市功能，也涵盖了区域居民个人与家庭全生命周期的多维需求。

天幕下的地标：高度之外，代言区域经济"海拔"

秉承超前设计理念，融信追加近 4.5 亿元总成本打造的钢结构全玻璃幕墙超高层建筑，令耸立天际的世欧王庄成为以高度引领海西的最大摩天建筑群，也以其对福州经济的重大意义，一跃成为福州海西经济重心。

集建筑地标与经济地标两重意义于一身，世欧王庄的超高层建筑，既是福州城市升级、区域价值提升的显性参照物，也寄予了人们对都会生活的向往，带动了区域经济的强劲升华。其直接改变的是海西的天际线、福州的城市形象，而更具意义的，当数该项目几乎以一己之力，推动了海峡两岸城市跨越式发展"起跑线"的前移。

世欧王庄摩天建筑

30万平方米双MALL时尚中心，给福州人一个心中的商业中心

2010 至 2019 年，从规划到收官，崭新的"天幕之城"，为福州演绎了一座"城中城"如何涅槃新生。在变革城市人居梦想之余，融信为世欧王庄悉心规划营造的 30 万平方米双 MALL 时尚中心，

也直接变革了福州的商业格局。自2014年底开业至今，福建首家 4D 动感影城、福建首个国际赛事标准五星级室内真冰溜冰场等多个"福建首次"都在此发生。同时，约 3.5 万平方米的精品百货、精品生活超市、国际快速时尚品牌集群、大型品牌组合店集群等，也共同构成了福州东区大型城市综合体的主体，成为新老福州人"心中的中心"。

30 万 m² 双 MALL 时尚中心

王庄商场的人流

商业之城

世欧王庄改造后全景图

破旧立新模式

城市核心区的旧城改造之福州双杭城

在福州迈入国际化大都市道路上的关键落子

福州双杭城，是与海月江潮项目并列"花开两朵"的"另外一枝"。2014 年，融信集团斥资 76.79 亿元，摘得了当年福建地王的福州双杭城地块。其中，南区的滨江苍霞板块，即是后来的海月江潮，而北区的太平汀洲板块，则是双杭城。

地处福州内环的正心位置，双杭城是福建省旧城改造项目的重点构成，也是福州城市焕新的重点工程。立项之始，该项目即因地处福州城市双轴核心区位的特殊性，被锚定为"政企联合的都会中心大盘"，被各界寄予"连接福州经济中心和文化中心"之厚望。

在改造更新的方略上，双杭城所处区域总体上遵循着"以都市摩天高楼及景区商业为主"的规划定位，与此同时，项目对占地面积 585.7 平方米的文物历史建筑鲁班庙和娘奶庙进行了修缮保护，并对占地面积 836.3 平方米的太平山地下党联络站、453.01 平方米的九案泰山庙予以了保留。

双杭城改造前

双杭城施工现场

双杭城改造后

娘奶庙

鲁班庙

与三坊七巷，及规模相当于三坊七巷 3 倍、政府斥资 290 亿元重点打造的上下杭文化景区为邻，双杭城项目的重要性、特殊性不言自明。在福州的中轴线之上，与周边万宝、中亭街等繁华商圈相邻的双杭城，以国际都会的面貌新颜，向外界示意了这一座历史文化名城，在历史传统与时代风潮之间，正在做怎样的取舍和平衡。

破旧立新模式

城市新板块的旧城改造之郑州址刘项目

发力郑州
融信三子，谋局中原城市更新"大棋局"

　　郑州，河南省省会，古称商都。踞历史最为深厚的中原大地，虽是黄帝故里、也曾五次为都的郑州，曾一度处于被洛阳、开封等著名古都"压着打"的境地。历史上，七次为王朝建都之地的开封，自元朝设置行省至新中国成立初期，均保持着不可撼动的省会地位。

　　直到 1954 年，河南省会从开封西迁郑州，两座城市的命运才得以翻转。而这个"翻身"，郑州应感谢历史的一次伏笔：清末大臣盛宣怀在勘察卢汉铁路时，因当时开封段黄河太宽，修建铁路桥成本极高，便将原本该经过当时省会开封的铁路线"挪"到了郑州，并将郑州站辟为甲等火车站。

　　从清末到今日，郑州这一座被称为"火车拉来的城市"，正居于全国高铁"米字形"布局的正中间，于铁轨之上飞驰的，似乎不仅仅是一列列的火车，更是郑州的城市活力。

郑州东站

　　当前，郑州已发展为国家枢纽城市，中部地区重要中心城市，中原城市群中心城市，也是"一带一路"的重要节点城市。2018 年，《第一财经》新一线城市研究所发布，郑州在新一线城市排名中，自第 12 位上升至第 9 位。2019 年，郑州市委"官宣"了 2018 年郑州市 GDP 首破万亿、全市常住人口突破千万、人均 GDP 突破 10 万的"三大突破"喜讯。

根据 2019 年河南省《郑州大都市区空间规划 (2018—2035 年)》，未来的郑州将从原来的单核发展模式，转变为"一核、四轴、三带、多点"的多核、多中心发展形态。在郑州城市功能布局上，也确立了"东强""西美""南动""北静""中优""外联"的发展思路，并在此思路下，重点研究郑州的空间结构优化、新城建设和老城更新、城市化精细管理。

与郑州"共舞"，融信在郑州所展开的三大城市更新项目，也各自承担着助力各大城市板块更新升级的使命。

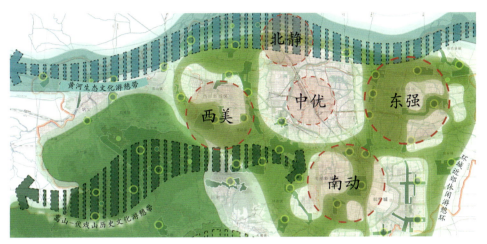

"东强""西美""南动""北静""中优""外联"的发展思路

坐落郑西的国际化奥体式生活中心

早在 2012 年 2 月，在郑州市十三届人大四次会议上审议通过的《中原经济区郑州都市区建设纲要》中，"一心两翼"的城市发展建设思路就被明确提出：以城区为中心，向东西两个方向均衡发展。

环顾郑西的旧改史或言之日更新史，第一阶段，郑州市政府印发了《郑州市旧城改造暂行办法》，旧城改造范围被确定为在郑州市"三环"以内国有土地上的房屋；第二阶段，在合村并城的推进下，郑州三环以内老城区面临无土地可开发的局面，与老城区"无缝对接"的常西湖新区，成为郑州拓展发展空间的发力方向；第三阶段的更新则发生在四环内，围绕奥体板块所在的四大中心区域所进行的城市开发、改造及更新如火如荼。

计划投资 300 亿元的郑州西部"城市中央文化区（CCD)"，成为与东部 CBD 呼应，促进郑州均衡发展、带动中原城市群跃升的引擎，也是郑州寻求"内涵式发展"的更新战略的产物。其中，奥体板块，是郑州 CCD 奥体中心、市民活动中心、文博艺术中心和现代传媒中心这"四个中心"当中的"奥体中心"所在的板块，也是郑西最受关注的城市板块。

踩在郑州发展规划的"鼓点"之上，占地面积 471 亩，总建筑面积 127 万平方米的融信址刘项目，在政府倾力打造奥体板块的同时，承担着重塑郑西人居标准的使命。项目遵循人与自然结合的先进理念，传承郑州西部文化，打造展示现代都市风貌，融商业服务、品质居住于一体的城市生态复合功能区。

2018 年 8 月，郑州市城乡规划局下发《郑州市城乡规划局关于强化大棚户区改造项目城市设计工作的指导意见（试行）》，指导棚户区改造项目建设。融信充分落实城市规划，利用区内现有区位及自然资源优势，紧紧围绕生态居住、商业商贸服务两大主题探寻基地发展定位，重塑城市空间。

研究对象	大棚户区改造项目
编制方向	项目整体天际线、建筑形态、建筑风格、建筑色彩等做出控制引导
具体要求	1. 不同街坊中建筑形态、高度、色彩、风格应有所区别
	2. 临城市快速路、主干路的第一排建筑每 5 栋中至少两栋高差比不小于 20%
	3. 统一地块超 8 栋建筑的，在总体协调的基础上均不少于 2 种造型特色、建筑色彩的外立面，临城市快速路的第一排住宅建筑外立面做公建化处理
	4. 充分考虑区域城市设计中确定的主要景观轴线及视线通廊，增加空间开敞度，预留地块内视廊
	5. 其他要求：色彩分区规划设计、注重建筑顶部处理等

《郑州市城乡规划局关于强化大棚户区改造项目城市设计工作的指导意见(试行)》解读

项目改造前

项目改造后

项目规划贯彻生态、田园、创意、时尚的设计理念，有机地组织城市设计要素，搭建设计框架，通过双轴贯城实现各区协同，以四大设计策略构筑三大特色功能，塑造区域的整体城市形象。

策略一：空间复合、激发城市活力

依托本片区良好的交通区位优势与生态景观资源，以社区中心与开敞空间为纽带，强化商务办公、休闲商业与生态居住功能的复合，着力打造开放性、体验性的城市空间，提升基地的活力与区域竞争力。

策略二：交通先导，畅通城市出行

通过空间与标志引导，提倡公共交通出行，依托滨水空间与生态廊道构建绿道慢行系统，打造多层次交通服务体系，畅通城市出行。

策略三：生态重构，增添城市魅力

依托基地内良好的生态本底条件，梳理绿色开放的空间网络，通过生态景观廊道、公共开敞空间与周边绿色基底的良性互动，同时运用海绵城市的原理，进行低影响开发，与景观水系相结合，将城市绿地和水系作为园区蓄水、净水的天然容器，提高雨水和中水的利用效率，提高城市安全防御能力。

策略四：景观梳理、塑造城市形象

基地作为沿市民文化服务中心轴线南延区段上的空间节点，应着力优化其西北部的门户形象，通过景观格局梳理，塑造西四环及陇海西路沿线良好的天际轮廓线，同时通过对商务商业服务区的人性化空间塑造，提升整个区域的空间形象品质。

三大特色功能

绿色环廊——包含有景观休闲区、邻里空间、健身步道、景观会客厅、亲子交流区、运动乐园和阳光草坪。

活力街区——项目规划建筑面积约 2 万平方米开放式活力街区，计划引入特色餐饮、休闲娱乐、亲子天地等丰富业态。

文教社区——打造品质社区，规划郑州外国语小学、优质中学、幼儿园等配套服务，缔造由外而内、从身到心的品质人居模式。

商务塔楼
小学建筑
社区服务用房
幼儿园建筑
住宅
幼儿园建筑
商业建筑
中学建筑

规划功能分布示意图

规划开放式商业

规划儿童活动空间

规划健身步道

规划休闲空间

规划小学

破旧立新模式

城市新板块的旧城改造之郑州时光之城

传统与现代交融的合村并城典范

郑州高新区成立于 1988 年，并于 1991 年经国务院批准为国家级高新区，也是科技部部署创新体系首批 4 个重要战略支点之一。该区域规划面积 99 平方公里，建成区面积 30 平方公里，总人口 35 万人，是郑州发展高新技术产业的核心区。

时光之城地处高新新城核心板块，从 2016 年与本土房企朗悦集团携手进行一级土地开发，截至 2019 年 6 月 4 日摘牌第一批土地，历经三年多时间，这座总建筑面积 242 万平方米的千亩大城正式面世。项目囊括宜居环境的居住开发、绿色生态的开放空间、多元化的商业开发、人文的公共配套、高效的交通出行等五大板块，打造传统与现代交融的合村并城典范。

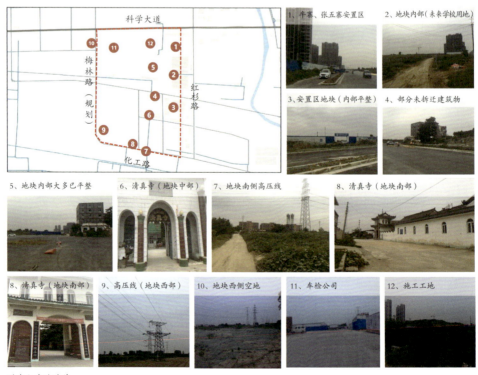

时光之城改造前

时光之城改造后

　　项目匹配城市发展逻辑，以"一环、两轴、四心"的大城架构及 4 座市政公园、3 大情景式商业、9 所学校的意向配套规划，助力新城板块发展，将为郑州高新区的品质生活注入全新的人居体验。

　　一环：指的是市政交通环廊，在一条开放的、有城市支路属性的道路上进行生动的、富有都市感的生活规划。通过紧贴居民日常行动的道路设计，连接起四大主题市政公园即竞技公园、儿童公园、潮流公园、乐活公园，营造全家庭的公园生活。通过居民交流、购物、休闲等日常活动构筑和谐邻里关系，承载社区人文精神的载体。

　　两轴：指东西向生态景观轴和南北向文化资源轴。城市级景观和小区级景观的分布，是融信通过景观分级及点、线、面穿插的构成方式，使得生态策略能够立体而全面地贯彻于整体布局之中，小学、初中规划教育配套沿着文化资源轴设计。

　　四心：在市政道路环廊与文化资源轴的交点，是四大主生活能量场，每一块生活能量场，规划分布商业、公园、学校。在整体两轴的分割下，形成了既分割又统一的生活能量场。每一个地块均有多样化的娱乐休闲场所，便捷居者的生活需求。

规划功能分区示意图

规划居住功能分布示意图

规划慢生活环廊

规划市政公园

规划开放街区

规划公共空间 规划教育

规划商业

破旧立新模式

城市新板块的旧城改造之郑州江湾城

郑北城市外扩的融信落子

融信江湾城落址郑州北部，是融信在中原打造的千亩大盘，也是郑州打造国家中心城市，塑造现代化城市形态过程中，城市外扩的一次关键落子。在"黄河流域高质量协同发展""北静"等大区域战略规划下，区域依托黄河生态文化带，突出"自然风光 + 黄河文化 + 慢生活"，打造属于大郑州的"后花园"。

黄河流域高质量发展上升到国家战略。习近平总书记在郑州召开黄河流域高质量发展座谈会，提出"黄河流域要大治理，大保护，走高质量发展路线"。郑州市委十一届十一次全会提出，要打造沿黄河生态保护示范区，国家高质量发展区域增长极，黄河历史文化主地标，规划了约 1 200 平方公里的核心生态示范区。2020 春晚郑州分会场择址郑州黄河文化公园，距离融信江湾城项目直线距离约 5 公里，向全球展示郑州、河南的新名片，也是北区崛起的信号弹。

项目占地 1 354 亩，规划建筑面积约 247 万平方米，集品质住宅、集中商业、主题公园、学校等为一体，打造多元化城市综合体。

江湾城改造前

江湾城改造后

规划商业

破旧立新模式

城市新板块的旧城改造之长乐上江城

在天际奔涌的"闽江江岸线"

融信上江城，位于原福建长乐市、现福州市长乐区营前街道。作为长乐的早期旧改项目，地处三江口核心区的本案，总占地277亩，打造有集27栋50至145米现代超高层住宅、滨江商业别墅于一体的国际滨江城，另配备2.2万平方米的商业体，总建筑面积约69万平方米。

在福州向东发展和长乐向西扩张的交汇口，融信上江城地块是集服务区、科技文化区、休闲区为一体的重点区域，可通过地铁6号线直通福州。客观上，融信上江城所处板块打造的"一带、两区、三心、三轴、七片"布局结构，不仅可为撤市建区的长乐更好地融入福州、共享大城发展提供助力，也为省会福州的扩张和跨越式发展增添了城市级配套。

长乐上江城改造前

长乐上江城施工现场

长乐上江城改造后

长乐上江城改造后

　　一带：即三汊港及两侧绿地组成的长乐新区的主要滨水休闲景观带，以发展水上游艇、快艇，水上竞技等滨水体育休闲为主的休闲、旅游项目，充分发挥河港城优势，体现临江城魅力。

　　两区：即首占片区和营前片区，共同组成长乐临江水乡宜居新城。

　　三心：即营前商住办公中心、首占行政商业文化中心和站前综合服务中心。营前旅游休闲商贸中心在营前三汊港北岸，通过对原营前工业区用地三旧改造，配置适当文化、行政办公、商贸物流、商住综合等用地，形成营前片区的旅游休闲商贸中心。

　　三轴：即占前大道发展轴、长安路至营滨路发展轴和广场路发展轴。

　　七片：根据用地特点分成七个以居住功能为主的片区，即营前旧镇区、长安片区、南岸片区、西岱片区、东岱片区、首占旧区、站前片区。

长乐上江城改造后

城市更新助力未来城市发展

　　广义而言，城市更新，是城市建设、发展、进化的一种构成。因而，城市更新作为一种"方法"，它所面对和要消解的，是城市化进程中的"历史遗留问题"与"未来城市演进"的对立和纷争，这决定了城市更新在整体方向上，也必然是以城市的发展方向为方向。

　　2016年，国家"十三五"规划首次将"绿色、创新、协调、开放、共享"定位为我国经济和社会的"五大核心发展理念"。结合当下的科技革命和产业变革的爆发性势能，可以预期未来中国的经济和城市化，必将沿着智慧创新、绿色生态、开放共享的主流路径，向人类所寄望的高质量、有秩序、可持续发展的趋势，不断有美好的进化，这既是一种建立于所有人心智之上的共识，也是不可违逆的时代意志。立足于国家与时代的宏观大势，思考和探索城市更新的可行性，未来城市更新的内容内涵，也必围绕智能、绿色、共享等几大方面，不断拓宽边界，助力城市企及更理想的境界。

▎更智慧的城市产业升级

在智慧城市全球化时代，执领中国先机

　　2013年，德国率先在汉诺威工业博览会上，推出了"工业4.0"的概念。这一概念的重点，在于利用物联信息系统（Cyber—Physical System）将生产中的供应、制造、销售信息数据化及智慧化，最后达到快速、有效、个人化的产品供应。

　　2015年5月，国务院正式印发《中国制造2025》，该文件是中国实施制造强国战略第一个十年的行动纲领，是政府携手百余名院士专家为中国制造业未来10年设计的顶层规划和路线图，也是中国官方层面对"工业4.0"的中国表述。以智能科技为代表的全新产业变革，几乎同时在东西方世界，没有时差地同步启动。

　　智能时代，知识将取代以往的物质资产，成为最重要、最主要的全球财富来源。全球经济导向的转变，也将以科技为核心，重塑自"地理大发现"以来的世界格局。智能科技兴起聚散的流向动线、高科技产业企业的分布，即是划分未来世界版图、分配城市话语权的内在逻辑。

　　正视这一汹涌的未来趋势，城市更新自然也需要对科技产业及科技人才另眼相看，以科技的力量，应答未来城市发展的全新需求。

以美国西雅图的南湖联合区为例，在 20 世纪 90 年代，因工业产业的衰落，占地仅约 1 平方公里的该区域，基本沦为廉价而没落的"城市仓储空间"，而在 20 世纪末，西雅图市政府与微软联合创始人 Paul Allen 旗下的 Vulcan 房地产开发公司进行了城市更新的合作。在"充满活力的综合功能社区"的改造主导思想下，大量科研机构的引入及公共设施建设，令此区域摇身一变，成为西雅图中心城区的"魅力磁极"，并以此示范了科技产业与城市更新"产城融合"的光辉前景。

西雅图中心城区"魅力磁极"南湖联合区的集体聚会

如果说，以高新产业的引入引领城市变革，是未来城市更新的一种大战略，那么，以智慧科技打造"智能城市"，亦是一种有成功案例的既有战术。从城市的信息化到智能化，是各国政府基于信息技术迅速发展和大量应用的现实，而形成共识的全力推动的跨越式变革。其目的，是推动政府职能的转变和社会管理的创新。其目标，是促使基础设施更智能、服务更便捷、社会管理更精细、生活环境更宜居、产业体系更优卓。当前，发达国家的重要城市如纽约、伦敦、巴黎、东京等，均已启动各自的智慧城市战略。2012 年中国政府也开始了以政府为主导的智慧城市建设步伐，并取得了领先世界的成就。全球约 1 000 个智慧城市，有 500 个位于中国。而在建设过程中，中国在吸引投资、智能通信和数据管理等方面，均有较为成熟先进的运作模式。作为不可缺席的智慧城市建设力量，未来的城市更新服务商，将肩负起更多责任，充分发挥其高度市场化、专业化的城市更新能力，将云技术、大数据、人工智能等引入城市建设及城市运营，助力中国在世界范围内的"智慧城市"竞速赛中，一路领跑向前。

更生态的社会发展模式

理当让全民受益的生态环境效益

根据 2019 年 10 月国家发改委数据，中国人均 GDP 达到 6.46 万元人民币，以现行汇率换算后，接近 1 万美元，达到中等收入国家水平。社会经济的发展，国人对美好生活的期盼也由单一的物质性的满足提升为生活性的满足，具体在城市居民的"需求清单"上，宜人的居住环境、便利的生活社区，已经是"硬性"的需求。

城市更新，也将是解决"人民日益增长的美好生活需求和不平衡、不充分的发展之间的矛盾"的一种具体对策。在此现实背景下，城市更新，须基于生态环境的可持续性、产业联系的可持续性、社会效益的可持续性等核心要点，以恰当的方式，为城市居民提供生态环境卓越、生活功能多样、生活氛围和谐的人居解决方案。

人类居住环境，是自然环境与人类社会生产力两相角力的结果。早期不科学的社会发展模式，造成了大气和水土污染及城市热岛效应等城市问题。如何治愈"城市病"，从而解除城市居民的健康威胁，这是整个人类都面临的急迫议题，也是城市更新的一大使命。这种"医治"，将通过绿色建筑创新、社区布局优化、城市生态环境修复三重方式，进行"由小至大""由点至面""由表及里"的完整修复，让更多的城市居民得以同享绿色生态的福泽。

绿色建筑创新

体现在城市更新的应对举措上，即以绿色建筑理念，改造高耗能的老旧建筑，实现建筑的节能减排，让"零碳建筑"成为未来建筑的主流；以社区和城市格局的优化，改变原有空间结构和层次，合理布局城市各功能板块，增加城市绿色空间；以城乡一体化的完整生态修复眼光，修复城市山体林地，净化城市水体，改造工业废弃地，从源头上严控工农业生产所产生的各类污染源，力求创造出城市即桃源的美好生态环境。

更公正的全民利益分配

让公众参与并分享城市更新的公共福祉

城市更新，是一个利益重新整合配置的过程。如何在参与者愈发多元的当下及未来，更合理、更公平、最大化地分配各方的权益，是一个减少阻力、凝聚合力的前提。在政府、区域、城市更新服务商、金融机构之外，也需激发公众的参与热情，进而通过多元力量的促进协作和资源的深度整合及利用，实现城市更新的"共建共享"。

此外，近年来中国经济的产能扩张，带来了产能过剩的问题，而从"短缺"到"过剩"的供需关系的快速转变，也促使社会各界共同寻求"产能消化"的新思路。与此同时，移动互联网的广泛普及、大数据和云计算等科技的市场化应用，则以技术手段实现了供需信息的即时、高效、精准匹配，这也为共享经济的崛起扫除了障碍。当城市更新、共享经济与消费升级碰撞一处，未来城市也由此获得了不可估量的发展潜能。

WE WORK 公众同享

就当下而言，诸如 We Work 联合办公、Airbnb 全球民宿等共享经济新模式，将在未来城市更新中得到更大范围、更具深度的应用和沿用。通过对原有物业功能的重新定位和合理改造，原物业持有人可获得更稳定、长效、可观的租金等收益，企业、办公或民宿使用者可以用更低的租赁成本获得更优质的办公或住宿空间体验；区域及城市可获得更多的就业岗位、税收收入及优化城市产业结构、提升城市形象的"附加值"；城市更新服务商或介入的金融机构、资本持有人，可借助多类型的增值服务，获取长效多元的盈利。由此即可预见，以"共享"为运作源点，未来城市更新的每一次落子，都将以"全盘"影响，让公众同享城市发展的时代红利。

注释

1. 闫诉:《细说东京轨道交通,长度超过 2 500 公里,比北京和上海的总和还要多》

2. 黄文政:《中国人口占世界比重与清朝相比,为什么减少了那么多?》(该文章为斯坦福大学经济政策研究院和人文经济学会主办的"2014人口与城市化发展论坛"上的发言,后经作者修订)

3. 黄文政、梁建章:《城市发展——北京该不该严控人口》

4.《"新加坡规划之父"刘太格:要用至少50年后的眼光来规划城市》,《第一财经中国》经济论坛 企鹅号

5. 李铁:《在中国为什么叫"城镇化"而不是叫"城市化"?》

6.《拯救北京"睡城":回龙观天通苑交通大改造》

7.《美国地铁发展与路径依赖》,国务院发展研究中心网站

8. 谢诗咏:《浦东新区综合交通信息管理系统体系框架研究》

9. 程远肖:《逃出十大"堵城"魔咒,贵阳智慧交通的秘密在哪儿?》

10.《突破省界的 11 号线,给上海、江苏带去了什么》,《人民日报》海外版海外网

11.《迎接"无人驾驶时代"交通规划要有先见之明》,中国青年网,2017 年 6 月 28 日

12.《"道路"回归为"街道",城市更新中的"re–"如何定义?》,众图互联微信公众号

13. 质子伽蓝:《亲民精致的世界级街道——在日本扫街后的街道营造启示》

14.《促发展补短板 投资建设迈大步—新中国成立 70 周年北京固定资产投资领域发展综述》北京市统计局、国家统计局北京调查总队文章

15. 张奕、赵翰露(原解放日报):《上海城市更新案例的启示:新场古镇开发想走新路》

16.《绿城生活——交织共融的城市公共空间》,天津大学出版社《2013景观设计年鉴》

17. 秦昭、方春晖:《你的城市是什么色彩?》,《中国国家地理》2014 年第 8 期

18.《杭州掌控"城市色彩"》,《浙江日报》

19. 博埃里事务所官网,https://www.stefanoboeriarchitetti.cn

20.《她才是"最新加坡"的城市 苏州工业园新打开方式》,搜狐焦点产业新区

21.《发扬绣花精神以人的尺度缔造新城理想》,《苏州日报》

22.《景观都市主义实践的理论追溯》,《时代建筑》2011 年 5 月刊

23.《济南老火车站:决绝拆除与草率复建》,《三联生活周刊》2013 年第 36 期

24.《798:一座文化地标的兴起与变迁》,《新京报》

25. 刘力、徐蕾、刘静雅:《国内旧工业地段更新已实施案例的统计与分析》

26. 唐燕、克劳斯·昆兹曼(Klaus R.Kunzmann)/等:《文化、创意产业与城市更新》

27.《抖音 + 传统文化 = ???》,广东省情调研网易号 2019 年 2 月 23 日

28.《清明上河图该看什么？考生热衷算命 已有外卖服务》,《法制晚报》2015 年 10 月 3 日

29. 刘焱飞:《清明上河图里的商业模式让人震惊》,跨城生态圈,2016 年 10 月 26 日

30.《阿那亚从 4 000 万到 30 亿的操盘"小镇复活计"！从卖不动到年销售 10 亿 社群之王"阿那亚"的商业逻辑》,旅游地产观察

31. 娄云:《深圳城中村发展历程—以福田下沙村为例》,《城市规划》(第五卷) 2015 年 7 月第 5 卷第 19 期

32.《认清逆城镇化趋势,激发乡村振兴动力—中国新型城镇化人居环境发展论坛》,《经济日报》2018 年 4 月 25 日

33. 周佳、李忠富:《我国逆城市化研究及其原因分析》

34.《从"四破"中重生—云南东川探索转型发展新路》,新华网 2018 年 12 月 1 日
    https://news.china.com/domesticgd/10000159/20181201/34562204_1.html

35.《都市圈研究,揭秘各大城市产业布局的根本逻辑！》,华夏幸福产业研究院公众号

36.《杭州产业变迁史(2000—2018)》,查理金融要参微信公众号

37.《"共享员工"受瞩目：战疫中企业的创新互助》,财经快播网 2020 年 2 月 12 日
    http://finance.ifeng.com/c/7tzJ49sY6jN

38.《天津市统计局：六成城市孩子平时缺玩伴》,《每日新报》2012 年 1 月 6 日

39.《普京下令莫斯科两年内拆除所有"赫鲁晓夫楼"》,搜狐新闻 - 国际要闻 - 时事快报 2017 年 3 月 2 日

时光之城

以大地为纸张

城市，是以创造力为笔墨的壮阔书写

它是土木金石的理性叙事

也是柴米油盐的温热抒情

在街巷的句读里

探查沉淀百代的人文情绪

也于历史的页码

搜捡续接未来的故事逻辑

我们是寄寓其间的租客

也是意欲抽身的读者

而如是的每一次提笔

都意味着我们是如何郑重地

参与到人类的自我命运

图书在版编目（CIP）数据

城市生长：融信集团城市更新十观 ／ 融信集团著

—上海：上海三联书店，2020.9

ISBN 978-7-5426-7083-0

Ⅰ.①城...　Ⅱ.①融...　Ⅲ.①城市建设—研究—中国

Ⅳ.①F299.21

中国版本图书馆 CIP 数据核字（2020）第 101206 号

城市生长：融信集团城市更新十观

著　　　者 / 融信集团

责任编辑 / 陈马东方月

装帧设计 / 庞世云

监　　　制 / 姚　军

责任校对 / 叶学挺

出版发行 / 上海三联书店

　　　　　（200030）中国上海市漕溪北路 331 号 A 座 6 楼

邮购电话 / 021-22895540

印　　　刷 / 上海雅昌艺术印刷有限公司

版　　　次 / 2020 年 9 月第 1 版

印　　　次 / 2020 年 9 月第 1 次印刷

开　　　本 / 787×1092　1/16

字　　　数 / 100 千字

印　　　张 / 11.25

书　　　号 / ISBN 978-7-5426-7083-0 / F·813

定　　　价 / 138.00 元

敬启读者，如本书有印装质量问题，请与印刷厂联系 021-68798999